프란치스코와
클라라의 글 원전

FRANCISCI ASSISIENSIS SCRIPTA
© 2009 Frati Editori di Quaracchi
Fondazione Collegio S. Bonaventura
Via Vecchia per Marino 28-30
00046 Grottaferrata, Roma, Italia

CLARAE ASSISIENSIS OPUSCULA in FONTES FRANCISCANI
© 1995 Edizioni Porziuncola
Via Protomartiri francescani 2
06088 S. Maria degli Angeli, Assisi, Italia

이 책에 관한 모든 권리는 프란치스코 출판사에 있습니다.
프란치스코 출판사의 동의 없이 이 책에 실린 글은 사용할 수 없습니다.
© 2014 Franciscan Press of Korea. All rights reserved.
The contents of this publication shall not be duplicated, used or disclosed
in whole or in part for any purpose without the express written consent of the publisher.

프란치스코와 클라라의 글 원전

교회 인가 | 2014년 1월 27일
초판 | 2021년 7월 15일

엮은이 | 작은형제회(프란치스코회) 한국 관구
펴낸이 | 김상욱
만든이 | 조수만
만든곳 | 프란치스코 출판사(제2-4072호)
주소 | 서울시 중구 정동길 9
전화 | (02) 6325-5600
이메일 | franciscanpress@hanmail.net
홈페이지 | https://blog.naver.com/franciscanpress

ISBN 978-89-91809-84-0 93230
값 | 12,000원

프란치스코출판사는 친환경인쇄 방법으로 이 책을 제작했습니다.
100% 사탕수수의 부산물 재료로 만든 생분해성 천연 종이와
휘발성 유기화합 성분을 사용하지 않은 식물성 무용제 잉크를 사용했습니다.

빠른 재생   100%사탕수수   생분해성   농업 부산물 재생

프란치스코와
클라라의 글 원전

차례

프란치스칸 원천의 약어　9

[아씨시 프란치스코의 글]

제1부　기도문

십자가 앞에서 드린 기도 ································· 13
하느님 찬미의 권고 ···································· 13
복되신 동정 마리아께 드리는 인사 ······················ 15
덕들에게 바치는 인사 ·································· 16
"주님의 기도" 묵상 ···································· 20
시간경마다 바치는 찬미 ································ 24
주님의 수난 성무일도 ·································· 27
레오 형제에게 준 친필 기도문 ·························· 60
　1. 지극히 높으신 하느님께 드리는 찬미 ················ 60
　2. 레오 형제에게 준 축복 ···························· 62
태양 형제의 노래(피조물의 노래) ······················· 64
들으십시오, 가난한 자매들이여(노래 형식의 권고) ········ 67

제2부 편지들

성직자들에게 보낸 편지 1 ·········· 69
성직자들에게 보낸 편지 2 ·········· 71
보호자들에게 보낸 편지 1 ·········· 73
보호자들에게 보낸 편지 2 ·········· 75
백성의 지도자들에게 보낸 편지 ·········· 76
레오 형제에게 보낸 편지 ·········· 78
어느 봉사자에게 보낸 편지 ·········· 79
안토니오 형제에게 보낸 편지 ·········· 82
신자들에게 보낸 편지 1 ·········· 83
신자들에게 보낸 편지 2 ·········· 88
형제회에 보낸 편지 ·········· 100

제3부 수도규칙과 격려문들

인준받지 않은 수도규칙 ·········· 111
인준받은 수도규칙 ·········· 153
은수처를 위한 규칙 ·········· 166
권고들 ·········· 168
클라라와 그의 자매들에게 준 생활 양식 ·········· 188
클라라와 그의 자매들에게 써 보낸 마지막 원의 ·········· 189
유언 ·········· 190

제4부 기타

1. 받아쓴 글

참되고 완전한 기쁨	197
시에나에서 쓴 유언	199
베르나르도 형제에게 준 축복	200

2. 잃어버렸거나 의심스러운 편지들

오스티아의 우골리노 주교에게 보낸 편지	203
프랑스 형제들에게 보낸 편지	204
볼로냐 시민들에게 쓴 편지	204
단식에 관하여 클라라와 자매들에게 쓴 편지	205
클라라와 자매들에게 글로 보낸 축복	206
야고바 부인에게 쓴 편지	208

[아씨시 클라라의 글]

제1부 편지들

프라하의 아녜스에게 보낸 편지 1 ······· 213
프라하의 아녜스에게 보낸 편지 2 ······· 219
프라하의 아녜스에게 보낸 편지 3 ······· 224
프라하의 아녜스에게 보낸 편지 4 ······· 230
에르멘트루디스에게 보낸 편지 ········· 235

제2부 수도규칙과 격려문들

클라라의 수도규칙 ······················· 239
클라라의 유언 ··························· 263
클라라의 축복 ··························· 273

부록

아씨시 프란치스코의 약전 ················ 276
아씨시 클라라의 약전 ···················· 280
프란치스칸 원천 연표 ···················· 284

프란치스칸 원천의 약어

1. 프란치스코의 글

권고(Adm)	권고들
노래 권고(ExhCl)	들으십시오, 가난한 자매들이여(노래 형식의 권고)
단식 편지(EpCl)	단식에 관하여 클라라와 자매들에게 보낸 편지
덕 인사(SalVirt)	덕들에게 바치는 인사
동정녀 인사(SalBMV)	복되신 동정 마리아께 드리는 인사
레오 축복(BenLeo)	레오 형제에게 준 축복
레오 편지(EpLeo)	레오 형제에게 보낸 편지
마지막 원의(UltVol)	클라라와 그의 자매들에게 써 보낸 마지막 원의
베르나르도 축복(BenBer)	베르나르도 형제에게 준 축복
1보호자 편지(EpCust I)	보호자들에게 보낸 편지 1
2보호자 편지(EpCust II)	보호자들에게 보낸 편지 2
봉사자 편지(EpMin)	어느 봉사자에게 보낸 편지
비인준 규칙(RegNB)	인준받지 않은 수도규칙
생활 양식(FormVit)	클라라와 그의 자매들에게 준 생활 양식
1성직자 편지(EpCler I)	성직자들에게 보낸 편지 1
2성직자 편지(EpCler II)	성직자들에게 보낸 편지 2
수난 성무(OffPass)	주님의 수난 성무일도
시간경 찬미(LaudHor)	시간경마다 바치는 찬미

시에나 유언(TestSen)　　　시에나에서 쓴 유언
1신자 편지(EpFid I)　　　신자들에게 보낸 편지 1
2신자 편지(EpFid II)　　　신자들에게 보낸 편지 2
십자가 기도(OrCruc)　　　십자가 앞에서 드린 기도
안토니오 편지(EpAnt)　　　안토니오 형제에게 보낸 편지
유언(Test)　　　유언
은수처 규칙(RegEr)　　　은수처를 위한 규칙
인준 규칙(RegB)　　　인준받은 수도규칙
주님 기도(ExpPat)　　　"주님의 기도" 묵상
지도자 편지(EpRec)　　　백성의 지도자들에게 보낸 편지
찬미 권고(ExhLD)　　　하느님 찬미의 권고
참기쁨(VPLaet)　　　참되고 완전한 기쁨
태양 노래(CantSol)　　　태양 형제의 노래(피조물의 노래)
하느님 찬미(LaudDei)　　　지극히 높으신 하느님께 드리는 찬미
형제회 편지(EpOrd)　　　형제회에 보낸 편지

2. 클라라의 글

1아녜스 편지(EpAgP I)　　　프라하의 아녜스에게 보낸 편지 1
2아녜스 편지(EpAgP II)　　　프라하의 아녜스에게 보낸 편지 2
3아녜스 편지(EpAgP III)　　　프라하의 아녜스에게 보낸 편지 3
4아녜스 편지(EpAgP IV)　　　프라하의 아녜스에게 보낸 편지 4
에르멘 편지(EpErmB)　　　에르멘트루디스에게 보낸 편지
클라라 규칙(RegCl)　　　클라라의 수도규칙
클라라 유언(TestCl)　　　클라라의 유언
클라라 축복(BenCl)　　　클라라의 축복

[아씨시 프란치스코의 글]

제1부

기도문

십자가 앞에서 드린 기도

오, 높으시고 영광스러운 하느님,
제 마음의 어두움을 비추어 주소서.

주님, 당신의 거룩하고 참된 명命을 실천할 수 있도록
올바른 믿음과 확실한 희망과 완전한 사랑을 주시며
감각과 깨달음을 주소서. 아멘.

하느님 찬미의 권고

1 "주님을 두려워하고 그분께 영예를 드려라"(묵시 14,7).
2 "주님은" 찬미와 "영예를 받으실 만한 분이시로다"(묵시 4,11).
3 "주님을 경외하는" 모든 "이들아, 주님을 찬미하여라"(시편 22,24).
4 "은총이 가득하신" 마리아님, "기뻐하소서."
 "주님이 당신과 함께 계시나이다"(루카 1,28).

5 하늘과 땅아, 하느님을 찬미하여라(참조: 시편 69,35).

6 모든 강들아, 주님을 찬미하여라(참조: 다니 3,78).

7 하느님의 "아들들아, 주님을 찬양하여라"(다니 3,82).

8 "이 날은 주님이 마련하신 날, 이 날에 춤들을 추자, 기뻐들 하자"(시편 118,24).

9 알렐루야, 알렐루야, 알렐루야! "이스라엘의 임금님"(요한 12,13).

10 "숨 쉬는 것 모두 다 주님을 찬미하여라"(시편 150,6).

11 "주님은 좋으시니 주님을 찬미하여라"(시편 147,1).

12 이 글을 읽는 모든 이들아, "주님을 찬양하여라"(시편 103,21).

13 "모든" 피조물아, "주님을 찬양하여라"(시편 103,22).

14 "하늘의 모든 새들아, 주님을" 찬미하여라(다니 3,80; 참조: 시편 148,7.10).

15 모든 "어린이들아, 주님을 찬미하여라"(시편 113,1).

16 "총각들과 처녀들아", 주님을 찬미하여라(시편 148,12).

17 "죽임을 당하신 어린양은" 찬미와 "영광과 영예를" 받기에 "합당한 분이시나이다"(묵시 5,12).

18 거룩한 삼위이시며 나뉨이 없으신 일체이시여, 찬미받으소서.

19 대천사 성 미카엘이시여, 싸움에서 우리를 보호하소서.

복되신 동정 마리아께 드리는 인사

1 귀부인이요 거룩한 여왕이시여, 인사드리나이다.
  하느님을 낳으신 분,
  거룩한 마리아이시여,
  당신은 교회가 되신 동정녀이시나이다.

2 하늘에 계신 지극히 거룩하신 아버지께서
  당신을 뽑으시어
  그 분의 지극히 거룩하시고 사랑하시는 아드님과
  보호자이신 성령과 함께 당신을 축성하셨나이다.

3 당신 안에는 온갖 은총과 온갖 선이 가득하였으며
  지금도 가득하나이다.

4 하느님의 궁전이시여, 인사드리나이다.
  하느님의 장막이시여, 인사드리나이다.
  하느님의 집이시여, 인사드리나이다.

5 하느님의 의복이시여, 인사드리나이다.
　하느님의 여종이시여, 인사드리나이다.
　하느님의 어머니시여, 인사드리나이다.

6 그리고 거룩한 모든 덕들이여, 당신들에게도 인사드리나이다.
　성령의 은총과 비추심으로
　믿는 이들의 마음에 당신들이 쏟아부어지면
　하느님께 불충한 이가 충실한 이 되리이다.

덕들에게 바치는 인사

1 여왕이신 지혜여, 인사드립니다.
　주님께서 당신의 자매인 거룩하고 순수한 단순성과 함께
　당신을 지켜 주시기를!

2 귀부인이신 거룩한 가난이여,
　주님께서 당신의 자매인 거룩한 겸손과 함께
　당신을 지켜 주시기를!

3 귀부인이신 거룩한 사랑이여,
주님께서 당신의 자매인 거룩한 순종과 함께
당신을 지켜 주시기를!

4 지극히 거룩한 덕들이여,
주님께서 당신으로부터 흘러나오는
여러분 모두를 지켜 주시기를!

5 온 세상 사람 그 누구도
정녕 먼저 자신이 죽지 않으면
여러분 가운데 어느 하나도 가질 수 없습니다.

6 하나의 덕을 가지고 있고
다른 덕들을 거스르지 않는 사람은
모든 덕을 갖게 됩니다.

7 그러나 하나의 덕을 거스르는 사람은
하나도 갖지 못하고
모든 덕을 거스르게 됩니다(참조: 야고 2,10).

8 그리고 어느 덕이든지

악습과 죄를
부끄럽게 합니다.

9 거룩한 지혜는
사탄과 그의 모든 간계를
부끄럽게 합니다.

10 순수하고 거룩한 단순성은
이 세상의 모든 지혜와 (참조: 1코린 1,20.27) 육신의 지혜를
부끄럽게 합니다.

11 거룩한 가난은
모든 탐욕과 인색과 이 세속의 근심을
부끄럽게 합니다.

12 거룩한 겸손은
교만과 이 세상의 모든 사람을
부끄럽게 하고
이와 마찬가지로
세상에 있는 온갖 것들을
부끄럽게 합니다.

13 거룩한 사랑은
모든 마귀의 유혹과 육의 유혹
그리고 육의 모든 두려움을
부끄럽게 합니다.

14 거룩한 순종은
자신의 모든 육신 및 육의 의지를
부끄럽게 하며,

15 자기 육신의 억제로
영에 순종하고
자신의 형제에게 순종하도록 합니다.

16 따라서 사람은 세상에 있는 모든 이들에게
매여 있고 그 아래에 있으며,

17 또한, 사람들에게만이 아니라
모든 집짐승과 들짐승들에게까지
매여 있고 그 아래에 있게 됩니다.

18 그리하여 주님께서 높은 데서 그들에게 허락하신 만큼(참조:
요한 19,11)

그들이 육신에게 무엇이든 원하는 대로 할 수 있게 됩니다
(참조: 마태 17,12).

"주님의 기도" 묵상

1 오, 지극히 거룩하신 **"우리 아버지"**(마태 6,9ㄴ):

우리의 창조자, 구속자, 위로자, 구원자시여.

2 **"하늘에 계신 우리 아버지"**(마태 6,9ㄴ):

천사들과 성인들 안에 계신 [우리 아버지],

주님, 당신은 빛이시기에

당신을 알아보도록 그들을 비추시나이다.

주님, 당신은 사랑이시기에

사랑하도록 그들을 불태우시나이다.

주님, 당신은 으뜸선이시고 영원한 선이시며

모든 선이 당신에게서 나오고

당신 없이는 어떤 선도 없기에

그들 안에 머무시며

그들을 복됨으로 채우시나이다.

3 **"아버지의 이름이 거룩히 빛나시며"**(마태 6,9ㄷ):
당신의 지식이 우리 안에서 밝게 빛나
당신의 은혜가 얼마나 넓고(참조: 에페 3,18)
당신의 약속이 얼마나 길며
위엄은 얼마나 높고
판단은 얼마나 깊은지
우리가 깨닫게 하소서.

4 **"아버지의 나라가 오시며"**(마태 6,10ㄱ):
은총으로 저희 안에서 다스리시고,
당신의 나라에 저희가 이르게 하시기 위함이나이다.
그 곳에는
당신께 대한 또렷한 바라봄이 있고
당신께 대한 완전한 사랑이 있고
당신과의 복된 사귐이 있으며
당신의 영원한 누림이 있사옵니다.

5 **"아버지의 뜻이 하늘에서와 같이 땅에서도 이루어지소서"**(마태 6,10ㄴ):

당신을 항상 생각함으로써 "마음을 다하여" 당신을 사랑하게 하시고,

당신을 항상 갈망함으로써 "넋을 다하여" 당신을 사랑하게 하시며,

우리의 모든 지향을 당신께 두고, 모든 것에서 당신의 영예를 찾음으로써

"정신을 다하여" 당신을 사랑하게 하시고,

우리의 모든 기력과 영혼의 감각과 육신의 감각을

당신 사랑의 봉사를 위해서만 바치고

다른 데에 쓰지 않음으로써

"우리의 모든 힘을 다하여"(루카 10,27) 당신을 사랑하게 하기 위함이나이다.

그리고 우리의 힘이 닿는 대로

모든 이를 당신의 사랑으로 이끌고,

다른 이들의 선을 우리 것처럼 즐거워하며,

불행 중에 있는 이들의 고통에 함께 하고,

누구에게도 해를 입히지 않음으로써

우리 자신과 같이 우리 이웃을 사랑하게 하기 위함이나이다

(참조: 2코린 6,3).

6 "오늘 저희에게 일용할 양식을 주시고"(마태 6,11):

주님께서 저희에게 가지셨던 사랑과,
저희를 위하여 말씀하시고 행하시고 견디어 내신 것을
저희가 기억하고 알아듣고 경외할 수 있도록,
사랑하시는 당신의 아드님 우리 주 예수 그리스도를
우리에게 주소서.

7 "**저희 죄를 용서하시고**"(마태 6,12ㄱ):
형언할 수 없는 당신의 자비와,
우리의 주님이시며 사랑하는 당신 아드님의 수난의 힘과,
지극히 복되신 동정 마리아와
당신께서 뽑으신 모든 이들의 공로와 전구轉求로.

8 "**저희에게 잘못한 이를 저희가 용서하오니**"(마태 6,12ㄴ):
그리고 저희가 완전히 용서하지 못하는 것을,
주님, 저희가 완전히 용서하게 해 주소서.
당신 때문에 원수를 참으로 사랑하게 하시고,
저희가 아무에게도 악을 악으로 갚는 일이 없이(참조: 로마 12,17)
원수를 위하여 당신 앞에서 열심히 전구하게 하시며,
당신 안에서 모든 것에 도움이 되도록 힘쓰게 하기 위함이나
이다.

9 "저희를 유혹에 빠지지 않게 하시고"(마태 6,13ㄱ):

감춰진 유혹이나 드러난 유혹, 갑작스러운 유혹이나 끈질긴 유혹에 빠지지 않게 하시고.

10 "악에서 구하소서"(마태 6,13ㄴ):

과거와 현재와 미래의 악에서 구하소서.

영광이 성부와 성자와 성령께 처음과 같이 이제와 항상 영원히. 아멘.

시간경마다 바치는 찬미

주해: 지극히 복되신 우리 사부 프란치스코께서 명하신 "찬미"가 시작된다. 성인께서는 낮과 밤 모든 시간경에서 그리고 복되신 동정 마리아 성무일도 앞에 이 "찬미"를 바치셨다. 이 시간경은 이렇게 시작한다. "하늘에 계신 지극히 거룩하신 우리 아버지…." 그 다음 "찬미"를 바친다.

1 거룩하시다, 거룩하시다, 거룩하시다.
   전능하신 주 하느님
   지금도 "계시고" 전에도 "계셨고"(묵시 4,8)

또 앞으로 오실 분.
— "영원히 그분을 찬미하고 찬송들 하세"(다니 3,57ㄴ).

2 주 우리 하느님,
당신께서는 "찬미와" 영광과 영예와 "찬양을"(묵시 4,11)
받기에 합당한 분이시나이다.
— 영원히 그분을 찬미하고 찬송들 하세.

3 "죽임을 당하신 어린양은
권능과 신성과 지혜와 힘과 영예와 영광과 찬양을
받기에 합당한 분이시나이다"(묵시 5,12).
— 영원히 그분을 찬미하고 찬송들 하세.

4 성령과 함께 성부와 성자를 찬양들 하세.
— 영원히 그분을 찬미하고 찬송들 하세.

5 "주님의 모든 업적들아, 주님을 찬양하여라"(다니 3,57ㄱ).
— 영원히 그분을 찬미하고 찬송들 하세.

6 "하느님의 모든 종들아,
그리고 낮은 사람이든 높은 사람이든
하느님을 경외하는 모든 이들아",
"우리" 하느님을 "찬미하여라"(묵시 19,5).
— 영원히 그분을 찬미하고 찬송들 하세.

7 "하늘과 땅아",

영광스러운 그분을 "찬미하여라"(시편 68,35).

— 영원히 그분을 찬미하고 찬송들 하세.

8 "하늘과 땅 위와" 땅 아래에 "있는 모든 피조물과",

"바다와 그 안에 있는 모든 피조물아"(묵시 5,13),

영광스러운 그분을 찬양하라.

— 영원히 그분을 찬미하고 찬송들 하세.

9 영광이 성부와 성자와 성령께,

— 영원히 그분을 찬미하고 찬송들 하세.

10 처음과 같이 이제와 항상 영원히. 아멘.

— 영원히 그분을 찬미하고 찬송들 하세.

11 기도:

전능하시고 지극히 거룩하시고 지극히 높으시며 으뜸이신 하느님, 모든 선이시고 으뜸선이시고 온전한 선이시며, 홀로 선하신 당신께(참조: 루카 18,19), 모든 찬미와 모든 영광과 모든 감사와 모든 영예와 모든 찬양과 그리고 모든 좋은 것을 돌려드리나이다. 그대로 이루어지소서. 그대로 이루어지소서. 아멘.

주님의 수난 성무일도

	끝기도	밤기도	일시경	삼시경	육시경	구시경	저녁기도
I. 성삼일과 연중 평일	1	2	3	4	5	6	7
II. 부활 시기	8	9	3	9	9	9	8
III. 주일과 주요 축일	8	9	3	10	11	12	7
IV. 대림 시기	13	14	3	10	11	12	7
V. 성탄 시기	15	15	15	15	15	15	15

* 사순시기: "성삼일과 연중 평일"에 바치는 시편들을 바친다.

지극히 복되신 우리 사부 프란치스코가 주님의 수난을 공경하고 기억하며 찬미하기 위하여 편집한 시편들이 시작된다. 낮과 밤의 각 시간경마다 시편 한 편을 바쳐야 한다. 그리고 시편은 파스카 준비일, 곧 금요일 끝기도로부터 시작되는데[1], 그 날 밤 우리 주 예수 그리스도께서 배반당하시고 잡히셨기 때문이다.

---

1 오늘날의 전례력으로는 성목요일에 해당된다. 중세 교회력의 규범에 의하면, 히브리 달력에서처럼, 해가 지면서 하루가 다시 시작되었으며(따라서 금요일 혹은 파스카 준비일의 제6일), 전례 기도는 끝기도로 시작되었다. 이러한 까닭으로 5부로 구성된 이 「수난 성무」도 다섯 부분 모두 끝기도로 시작되고 있다.

그리고 복되신 프란치스코는 다음과 같은 방법으로 이 성무일도를 바쳤다. 먼저 스승이신 주님께서 가르쳐 주신 기도, 즉 "하늘에 계신지극히 거룩하신 우리 아버지"[2]를 바치고, 이어서 앞에 실린 「찬미」, "거룩하시다, 거룩하시다, 거룩하시다"[3]를 바쳤다. 「찬미」와 기도가 끝난 후 "거룩하신 동정 마리아님" 후렴을 시작했다. 이어서 성 마리아 시편[4]을 먼저 외우고 그 다음에 미리 선택한 다른 시편들을 바쳤다. 그리고 이 모든 시편들을 다 바치고 나서 수난 시편들을 바쳤다. 이 시편 끝에 "거룩하신 동정 마리아님" 후렴을 되풀이하고, 이것으로 성무일도를 마쳤다.

---

2 참조: 「주님 기도」.
3 참조: 「시간경 찬미」.
4 "성 마리아 시편"은 『복되신 동정녀 소성무일도』를 말하는 것으로, 이 신심은 9세기에 시작되었으며, 12세기에 교구 사제들과 수도 사제들은 의무적으로 이 성무일도를 바쳐야 했다.

제1부 성삼일과 연중 평일

끝기도
후렴: 거룩하신 동정 마리아님
시편 [1]

1 하느님, 제 신세를 당신께 아뢰었더니,*
　　당신은 제 눈물을 당신 앞에 두셨나이다(시편 56,8ㄴ-9).

2 제 원수들 모두 저를 거슬러 저의 불행만 생각하고(시편 41,8) *
　　함께 모여 음모를 꾸몄나이다(시편 71,10ㄷ).

3 또한 그들은 저를 거슬러 선을 악으로,*
　　제 사랑을 미움으로 갚았나이다(시편 109,5).

4 저를 사랑하기보다 오히려 저주하였나이다.*
　　그러나 저는 기도했나이다(시편 109,4).

5 "거룩하신 저의 아버지(요한 17,11), 하늘과 땅의 임금님", †
　　제게서 멀리 계시지 마옵소서.*

환난이 닥치는데 도와줄 이 없나이다(시편 22,12).

6 언제라도 제가 당신을 부르짖는 날에 †
　　제 원수들이 뒤로 물러가리니, *
　　그 때 저는 당신이 저의 하느님이심을 아나이다(시편 56,10).

7 제 동무들과 제 이웃들이 저를 거슬러 다가와 둘러서고, *
　　"제 이웃들이" 멀찍이 서 있나이다(시편 38,12).

8 당신은 제가 아는 이들을 제게서 멀어지게 하시고 저를 †
　　그들의 혐오거리로 만드셨으니, *
　　저는 갇힌 몸, 나갈 수도 없나이다(시편 88,9).

9 "거룩하신 아버지"(요한 17,11), 당신의 도움 제게서 멀리하지 마
　　옵소서(시편 22,20). *
　　저의 하느님, 저를 굽어보시어 도우소서(시편 71,12).

10 어서 와 저를 도우소서. *
　　주님, 제 구원의 하느님(시편 38,23)."
　영광이 성부와 성자와 성령께 *
　　처음과 같이 이제와 항상 영원히. 아멘.

후렴: 1 거룩하신 동정 마리아님, 세상에 태어난 여인들 중에 당신 같으신 이 없나이다. 2 당신은 지극히 높으시고 지존한 임금이신 천상 성부의 딸이시며 여종이시고, 지극히 거룩하신 우리 주 예수 그리스도의 어머니이시며, 성령의 정배이시나이다. 3 비오니, 성 미카엘 대천사와 하늘의 모든 능품천사들과 모든 성인들과 함께, 주님이시요 스승이신 당신의 지극히 거룩하시고 사랑하시는 아드님 앞에서 저희를 위하여 빌어 주소서. ─ 영광이 성부와… 처음과 같이….

주해: 위의 후렴은 모든 시간경에 바친다. 그리고 밤기도든 다른 시간경이든 성경 소구, 찬미가, 성구, 기도는 모두 생략한다. 프란치스코는 시편과 이 후렴만 바쳤다. 그리고 성무일도 끝에 복되신 프란치스코는 항상 이렇게 기도하였다.

살아 계시고 진실하신 주 하느님을 찬양하고, 항상 그분께 찬미와 영광과 영예와 찬양과 온갖 선을 돌려드립시다. 아멘. 아멘. 그대로 이루어지소서. 그대로 이루어지소서.

밤기도
후렴: 거룩하신 동정 마리아님
시편 [2]

1 주님, 제 구원의 하느님, 낮에도 당신께 부르짖고, *

밤에도 당신 앞에서 외치나이다(시편 88,2).

2 제 기도 당신 앞에 이르게 하소서. *

제 울부짖음에 귀를 기울이소서(시편 88,3).

3 어서 와 제 영혼을 구해 내소서. *

제 원수들 앞에서 저를 구원하소서(시편 69,19).

4 당신은 저를 어미 배 속에서 내신 분 *

당신은 어미 젖가슴에서부터 저의 희망이시나이다(시편 22,10).

5 저는 모태에서부터 당신께 맡겨졌사옵고(시편 22,10-11ㄱ) †

어미 배 속에서부터 당신은 저의 하느님이시오니 *

제게서 멀리 떠나 계시지 마옵소서(시편 22,11ㄴ-12ㄱ).

6 당신은 제가 받은 모욕과 창피를 아시옵고 *

저의 경외심을 아시나이다(시편 69,20).

7 저를 괴롭히는 자들이 모두 당신 앞에 있나이다. *

제 마음이 모욕으로 바수어져 저는 절망에 빠졌나이다(시편 69,21ㄱ-ㄴ).

8 동정해 줄 이 바랐건만 헛되었고 *

위로해 줄 이도 찾지 못하였나이다(시편 69,21ㄷ-ㄹ).

9 하느님, 사악한 자들 저에게 맞서 일어나고 †

포악한 자 무리 지어 제 목숨을 노리나이다. *

그들은 당신을 모실 줄 모르나이다(시편 86,14).

10 저는 구렁으로 떨어지는 사람처럼 여겨지고 *

    죽은 이들 가운데 버려져 도움받을 길 없는 사람처럼 되었

    나이다(시편 88,5-6ㄱ).

11 당신은 "지극히 거룩하신 저의 아버지이시며", *

    저의 임금님, 저의 하느님이시나이다(참조: 시편 44,5ㄱ).

12 어서 와 저를 도우소서. *

    주님, 제 구원의 하느님(시편 38,23).

    영광이 성부와… 처음과 같이…

일시경

후렴: 거룩한 동정 마리아님

시편 [3]

1 자비를 베푸소서, 하느님, 저에게 자비를 베푸소서. *

    제 영혼이 당신께 의탁하나이다(시편 57,2ㄱ).

2 재앙이 지나갈 그 때까지, *

    당신 날개 그늘로 제가 피신하나이다(시편 57,2ㄴ).

3 지극히 높으시고, "지극히 거룩하신 저의 아버지께", *

    저에게 은혜를 베푸시는 하느님께 부르짖나이다(참조: 시편 57,3).

4 하늘에서 보내시어 저를 구하시고, *

저를 짓밟는 자를 부끄럽게 하셨나이다(시편 57,4ㄱ-ㄴ).

5 하느님은 당신 자애와 당신 진실을 보내시어(시편 57,4ㄷ) †

  저보다 힘센 원수들과 저를 미워하는 자들에게서 제 영혼 구하셨사오니 *

  그들이 저보다 강하기 때문이나이다(시편 18,18).

6 그들이 제 발길마다 그물을 쳐 놓아, *

  제 영혼이 꺾이게 하였나이다(시편 57,7ㄱ-ㄴ).

7 제 앞에 구덩이를 파 놓았으나, *

  그 속으로 빠진 것은 그들이었나이다(시편 57,7ㄷ-ㄹ).

8 제 마음 든든하나이다. 하느님, 제 마음 든든하나이다. *

  저는 노래하며 찬미하나이다(시편 57,8).

9 깨어나라 나의 영광이여. 깨어나라, 수금아, 비파야. *

  나는 새벽을 깨우리라(시편 57,9).

10 주님, 제가 백성들 가운데에서 당신을 찬송하고, *

  겨레들 가운데에서 당신을 노래하리이다(시편 57,10).

11 당신의 자애 크시어 하늘에 이르고 *

  당신의 진실 크시어 구름에 닿나이다(시편 57,11).

12 하느님, 하늘 높이 오르소서. *

  당신 영광을 온 땅 위에 드러내소서(시편 57,12).

  영광이 성부와··· 처음과 같이···.

주해: 위 시편은 항상 일시경에 바친다.

삼시경

후렴: 거룩한 동정 마리아님

시편 [4]

1 하느님, 저에게 자비를 베푸소서. *

　사람들이 저를 짓밟고 온종일 몰아치며 억누르나이다(시편 56,2).

2 저의 원수들이 온종일 짓밟나이다. *

　저를 몰아치는 자들이 많기도 하옵니다(시편 56,3).

3 제 원수들 모두 저를 거슬러 제 불행만 생각하고(시편 41,8ㄴ), *

　저를 거슬러 나쁜 말을 퍼뜨리나이다(시편 41,9ㄱ).

4 제 목숨 노리는 자들이 *

　함께 모여 음모를 꾸미나이다(시편 71,10ㄴ).

5 그들은 밖에 나가, *

　수군거리나이다(시편 41,7ㄷ-8ㄱ).

6 보는 사람마다 저를 비웃어 대고, *

　입술을 비쭉거리며 머리를 내젓나이다(시편 22,8).

7 저는 인간도 아닌 구더기, *

　사람들의 우셋거리, 백성의 조롱거리(시편 22,7).

8 제 모든 원수들 때문에 저는 제 이웃들에게 조롱거리가 되고, *

아는 이들은 저를 무서워하나이다(시편 31,12ㄱ-ㄴ).

9 "거룩하신 아버지"(요한 17,11), 당신 도움 제게서 멀리하지 마옵소서. *

저를 굽어보시어 보호하소서(시편 22,20).

10 어서 와 저를 도우소서. *

주님, 제 구원의 하느님(시편 38,23).

영광이 성부와… 처음과 같이….

육시경

후렴: 거룩하신 동정 마리아님

시편 [5]

1 소리 높여 나 주님께 부르짖나이다. *

소리 높여 나 주님께 간청하나이다(시편 142,2).

2 그분 앞에 내 기도 쏟아붓고, *

그분 앞에 내 곤경 하소연하나이다(시편 142,3).

3 제 얼이 아뜩해질 때, *

제가 갈 길 당신은 아시나이다(시편 142,4ㄱ-ㄴ).

4 제가 다니는 길에, *

저들은 덫을 숨겨 놓았나이다(시편 142,4ㄷ-ㄹ).

5 오른쪽을 살피고 바라보아도,*

　저를 아는 이 아무도 없나이다(시편 142,5ㄱ-ㄴ).

6 도망갈 곳이 더는 없는데,*

　아무도 제 목숨 걱정하지 않나이다(시편 142,5ㄷ-ㄹ).

7 당신 때문에 제가 모욕을 당하고,*

　제 얼굴이 수치로 뒤덮였나이다(시편 69,8).

8 저는 제 형제들에게 낯선 사람이 되었고,*

　제 친형제들에게 이방인이 되었나이다(시편 69,9).

9 "거룩하신 아버지"(요한 17,11), 당신의 집을 향한 열정이 저를 불태우고,*

　당신을 욕하는 자들의 욕이 저에게 떨어졌나이다(시편 69,10).

10 저를 거슬러 그들은 기뻐하며 모였나이다.*

　그들이 모여 와 저를 내쳤는데도 저는 몰랐나이다(시편 35,15).

11 까닭 없이 이 몸을 미워하는 자*

　제 머리카락보다 많사옵니다(시편 69,5ㄱ-ㄴ).

12 저를 박해하는 자들, 음흉한 제 원수들이 힘도 세나이다.*

　제가 빼앗지도 않았는데 물어내라 하나이다(시편 69,5ㄷ-ㄹ).

13 사악한 증인들이 들고일어나,*

제가 모르는 일을 캐묻나이다(시편 35,11).
14 그들이 제게 선을 악으로 갚고(시편 35,12ㄱ), *

　제가 선을 따른다고 공격하나이다(시편 38,21).
15 당신은 "지극히 거룩하신 저의 아버지이시며", *

　저의 임금님, 저의 하느님이시나이다(참조: 시편 44,5).
16 어서 와 저를 도우소서. *

　주님, 제 구원의 하느님(시편 38,23).

　영광이 성부와… 처음과 같이….

구시경

후렴: 거룩하신 동정 마리아님

시편 [6]

1 길로 지나는, 오, 너희 모든 이들이여, *

　이 내 아픔 같은 아픔이 또 있는지 살펴보고 둘러보시오(애가 1,12ㄱ-ㄴ).

2 숱한 개들이 저를 에워싸고, *

　악당의 무리가 둘러쌌나이다(시편 22,17ㄱ-ㄴ).

3 그들은 제 손발을 묶었으며, *

　제 뼈는 마디마디 셀 수 있게 되었나이다(시편 22,17ㄷ-18ㄱ).

4 그들은 저를 지켜보며 심문하고 *

　　제 옷을 저희끼리 나누어 가지고 제 속옷을 놓고는 제비를

　　뽑나이다(시편 22,18ㄴ-19).

5 그들은 약탈하고 포효하는 사자처럼, *

　　저를 향해 입을 벌리나이다(시편 22,14).

6 저는 엎질러진 물과 같고, *

　　뼈마디는 온통 어그러졌으며(시편 22,15ㄱ-ㄴ),

7 마음은 밀초가 되어, *

　　제 속에서 녹아내리나이다(시편 22,15ㄷ).

8 제 힘은 옹기 조각처럼 메마르고, *

　　제 혀는 입천장에 들러붙나이다(시편 22,16ㄱ-ㄴ).

9 그들은 저에게 먹으라 쓸개를 주고, *

　　목마를 때 신 포도주를 마시게 하였나이다(시편 68,22).

10 그들은 저를 죽음의 재에 눕히었으며(참조: 시편 22,16ㄷ), *

　　고통 위에 제 상처를 더했나이다(시편 69,27ㄴ).

11 제가 잠들었다 깨어나니(참조: 시편 3,6), *

　　"지극히 거룩하신 저의 아버지는" 저를 영광으로 받아들

　　이셨나이다(시편 73,24ㄷ).

12 "거룩하신 아버지"(요한 17,11), 당신은 제 오른손을 잡아 †

　　당신 뜻대로 저를 이끄시고 *

　　저를 영광으로 받아들이셨나이다(시편 73,24).

13 저를 위하여 누가 하늘에 계시나이까? *

　땅 위에서 제가 당신께 무엇을 바라겠나이까?(시편 73,25).

14 너희는 내가 하느님임을 "알아보고 또" 알아보아라, "주님이 말씀하신다", *

　나는 민족들 위에 우뚝 섰노라, 세상 위에 우뚝 섰노라(시편 46,11).

15 주님은 "당신의 지극히 거룩한 피로써" 당신 종들의 목숨을 건져 주시니 †

　"주 이스라엘의 하느님은 찬미받으소서"(루카 1,68ㄱ), *

　그분께 희망을 두는 이는 아무도 버림받지 않으리이다(참조: 시편 34,23).

16 "이제 우리는 아노라", 그분이 오심을, *

　정녕 그분은 정의로 심판하러 오시리라(시편 96,13ㄴ).

　영광이 성부와… 처음과 같이….

저녁기도

후렴: 거룩하신 동정 마리아님

시편 [7]

1 모든 민족들아, 손뼉을 쳐라. *

　기뻐 소리치며 하느님께 환호하여라(시편 47,2).

2 주님은 지극히 높으신 분, 경외로우신 분.*
   온 땅의 위대하신 임금이시로다(시편 47,3).
3 "지극히 거룩하신 천상 아버지", 세상이 있기 전부터 우리 임금님이 †
   "높은 곳에서 당신이 사랑하시는 아드님을 보내시어" *
   세상 한가운데서 구원을 이루어 주셨도다(시편 74,12).
4 하늘은 기뻐하고 땅은 즐거워하여라. †
   바다와 그 안에 가득 찬 것들은 소리쳐라. *
   들과 그 안에 있는 것도 모두 기뻐 뛰어라(시편 96,11-12ㄱ).
5 그분께 노래하여라, 새로운 노래를. *
   온 땅아, 주님께 노래하여라(시편 96,1).
6 주님은 위대하시고 드높이 찬양받으실 분. *
   모든 신들 위에 경외로운 분이시네(시편 96,4).
7 주님께 드려라, 뭇 민족의 가문들아. †
   주님께 드려라, 영광과 영예를. *
   주님께 드려라, 그 이름의 영광을(시편 96,7-8ㄱ).
8 "너희 몸을 바쳐 그분의 거룩한 십자가를 져라"(루카 14,27). *
   "그분의 지극히 거룩한 계명을 끝날까지 지켜라"(1베드 2,21).
9 온 땅아, 그분 앞에서 무서워 떨어라. *
   겨레들에게 말하여라, 주님은 "나무 위에서" 다스리신다
   (시편 96,9ㄴ-10ㄱ).

성금요일부터 승천 축일까지 매일 여기까지 바친다. 그러나 승천 축일에는 다음 구절들을 덧붙인다.

10 "그분은 하늘에 오르시어 *

　　하늘에서 지극히 거룩하신 아버지의 오른편에 앉아 계시도다."

11 하느님, 하늘 높이 오르소서. *

　　당신의 영광 온 땅 위에 드러내소서(시편 57,12).

12 이제 우리는 아노라, 그분께서 오심을. *

　　정녕 그분은 정의로 심판하러 오시리라(시편 96,13ㄴ).

　　영광이 성부와… 처음과 같이….

주해 1: 승천부터 주님의 대림까지 매일 같은 방식으로 이 시편 "모든 민족들아"를 위에서 말한 절까지 바칠 것이며, "정의로 심판하러 오시리라" 끝에 영광송을 바친다.

주해 2: 위 시편들은 성금요일부터 부활 주일까지 바친다. 성령 강림 팔일 축제부터 주님의 대림까지, 그리고 공현 팔일 축제부터 부활 주일까지도 바친다. 주일과 주요 축일은 제외하고 다른 모든 날에 바친다.

제2부 부활 시기

성토요일, 그 날 성무일도가 끝난 후

끝기도

후렴: 거룩하신 동정 마리아님

시편 [8]

1 하느님, 어서 와 저를 도우소서. *

　　주님, 서둘러 저를 도와주소서.

2 이 목숨 노리는 자들은, *

　　수치를 당하여 부끄러워하고,

3 저의 불행을 바라는 자들은, *

　　뒤로 물러나게 하시고 치욕을 느끼게 하소서.

4 "옳거니, 옳거니!" 하며 저를 놀려 대는 자들은, *

　　부끄러워 빨리 되돌아가게 하소서.

5 당신을 찾는 이들은 *

　　모두 당신 안에서 기뻐하고 즐거워하리이다.

6 당신 구원을 사랑하는 이들은 언제나 외치게 하소서. *

　　"주님은 위대하시다."

7 저는 가련하고 불쌍하니, *

    하느님, 저를 도우소서.

8 저의 도움, 저의 구원은 당신이시니, *

    주님, 더디 오지 마소서(시편 70,2-6).

영광이 성부와… 처음과 같이…

부활 주일 밤기도
후렴: 거룩하신 동정 마리아님
시편 [9]

1 주님께 노래하여라, 새로운 노래를, *

    그분이 기적들을 일으키셨으니(시편 98,1ㄱ-ㄴ).

2 그분의 오른손이, 거룩한 그 팔이(시편 98,1ㄷ-ㄹ) *

    "사랑하는 당신 아드님을 희생시키셨도다."

3 주님은 당신 구원을 알리시고 *

    민족들의 눈앞에 당신의 정의를 드러내셨네(시편 98,2).

4 이 낮에 주님이 자애를 베푸시니 *

    나는 밤에 "그분께" 노래하리이다(시편 42,9ㄱ-ㄴ).

5 이 날은 주님이 마련하신 날, *

    이 날을 기뻐하며 즐거워하세(시편 118,24).

6 주님의 이름으로 오는 이는 복되어라. *

   주님은 하느님, 우리를 비추시네(시편 118,26ㄱ-27ㄱ).

7 하늘은 기뻐하고 땅은 즐거워하여라. †

   바다와 그 안에 가득 찬 것들은 소리쳐라. *

   들과 거기 있는 것도 모두 기뻐 뛰어라(시편 96,11-12ㄱ).

8 주님께 드려라, 뭇 민족의 가문들아. †

   주님께 드려라, 영광과 영예를. *

   주님께 드려라, 그 이름의 영광을(시편 96,7-8ㄱ).

부활 주일부터 승천 축일까지 매일 저녁기도, 끝기도, 일시경을 제외하고 모든 시간경에 여기까지 바친다. 그러나 승천 축일 밤에는 다음 구절들을 덧붙인다.

9 세상의 나라들아, 하느님께 노래하여라. *

   주님을 찬송하여라(시편 68,33ㄱ).

10 하느님을 찬송하여라, *

   하늘의 하늘 위로, 동쪽으로 오르시는 분이시네(시편 68,33ㄴ-34ㄱ).

11 보라, 그분이 목소리 높이시니, 그 소리 우렁차네. †

   하느님께 영광을 드려라. *

   그분의 존엄은 이스라엘 위에 있고, 그분의 권능은 구름 위에 있네(시편 68,34ㄴ-35).

12 하느님은 당신 성도들 가운데 경외로우시다. †

　이스라엘의 하느님께서 친히 당신 백성에게 권능과 힘을 주시네. *

　하느님은 찬미받으소서 (시편 68,36).

영광이 성부와… 처음과 같이….

　주해 1: 주님 승천부터 성령 강림 팔일 축제까지 매일 밤기도, 삼시경, 육시경, 구시경에 이 시편을 위에서 말한 절까지 바칠 것이며, "하느님은 찬미받으소서" 끝에 영광송을 바친다. 다른 데서는 바치지 않는다.

　주해 2: 같은 방식으로 오로지 주일과 주요 축일 밤기도로 성령 강림 팔일 축제부터 주님의 대림까지, 그리고 공현 팔일 축제부터 주님께서 당신 제자들과 함께 바로 그 날 파스카 만찬을 드셨기에 주님의 만찬 성목요일까지 바친다. 또는, 원하면 시편집에 나와 있는 대로 또 다른 시편, 즉 "주님, 당신을 높이 기리나이다"(시편 30)를 밤기도나 저녁기도 때 바칠 수 있다. 그러나 이는 부활 주일부터 승천 축일까지만 허용되며 그 이상은 안 된다.

일시경

후렴: 거룩하신 동정 마리아님

시편: 위에 나오는 시편 [3]

"자비를 베푸소서, 하느님, 저에게 자비를 베푸소서"를 바친다.

삼시경, 육시경, 구시경.

후렴: 거룩하신 동정 마리아님

시편: 위에 나오는 시편 [9]

"주님께 노래하여라"를 바친다.

저녁기도

후렴: 거룩하신 동정 마리아님

시편: 시편집에 있는 대로 위의 시편 [8]

"하느님, 어서 와 저를 도우소서"를 바친다.

제3부 주일과 주요 축일

이제 다른 시편들이 시작되는데, 이들 또한 지극히 복되신 우리 사부 프란치스코가 편집한 것으로, 이 시편들은 위에 나오는 주님 수난 시편들을 대신해서 성령 강림 팔일 축제부터 대림까지 그리고 공현 팔일 축제부터 주님의 만찬 성목요일까지의 주일과 주요 축일에 바칠 수 있다. 이는 주님의 파스카인 성목요일에도 바친다는 것을 의미한다.

끝기도

후렴: 거룩하신 동정 마리아님

시편: 시편집에 있는 대로 위의 시편 [8]

"하느님, 어서 와 저를 도우소서"를 바친다.

밤기도

후렴: 거룩하신 동정 마리아님

시편: 위에 나오는 시편 [9]

"주님께 노래하여라"를 바친다.

일시경

후렴: 거룩하신 동정 마리아님

시편: 위에 나오는 시편 [3]

"자비를 베푸소서, 하느님, 저에게 자비를 베푸소서"를 바친다.

삼시경

후렴: 거룩하신 동정 마리아님

시편 [10]

1 온 땅아, 하느님께 환호하여라, 그 이름을 노래하여라. *
　　찬미의 영광을 드려라 (시편 66,1-2).

2 하느님께 아뢰어라. 당신이 하신 일들 놀랍기도 하나이다, "주님!" *

　　당신의 크신 능력에 원수들도 굴복하나이다(시편 66,3).

3 온 땅이 당신께 경배드리고 당신을 노래하게 하소서. *

　　당신 이름을 노래하게 하소서(시편 66,4).

4 하느님을 경외하는 이들아, 모두 와서 들어라. *

　　그분이 내 영혼에게 하신 일을 들려주리라(시편 66,16).

5 내 입으로 그분께 부르짖고, *

　　내 혀로 찬미 노래를 불렀네(시편 66,17).

6 거룩한 당신 성전에서 내 목소리 들으셨네. *

　　부르짖는 내 소리 그분 귀에 다다랐네(시편 18,7ㄷ-ㄹ).

7 백성들아, 우리 하느님을 찬미하여라. *

　　찬양 노래 울려 퍼지게 하여라(시편 66,8).

8 땅의 모든 종족이 그를 통하여 복을 받고, *

　　모든 민족이 그를 칭송하게 하소서(시편 72,17ㄷ-ㄹ).

9 주 이스라엘의 하느님은 찬미받으시리라. *

　　그분 홀로 기적들을 일으키신다(시편 72,18).

10 영광스러운 그 이름 영원히 찬미받으시리라. *

　　그 영광 온 땅에 가득하리라. 그대로 이루어지소서. 그대로 이루어지소서(시편 72,19).

　　영광이 성부와… 처음과 같이….

육시경

후렴: 거하신 동정 마리아님

시편 [11]

1 환난의 날에 주님이 당신께 응답하시고, *

  야곱의 하느님 그 이름이 당신을 보호하시리이다(시편 20,2).

2 성소에서 당신께 도움을 보내시고, *

  시온에서 당신을 받쳐 주시며(시편 20,3),

3 당신의 모든 제물을 기억하시고, *

  당신의 번제를 즐거이 받으시리이다(시편 20,4).

4 당신 마음이 바라는 대로 베푸시고, *

  당신의 모든 계획을 이루어 주시리이다(시편 20,5).

5 당신 구원에 우리가 환호하며, *

  우리 하느님 이름으로 우리는 영광스러워지리이다(시편 20,6).

6 주님이 당신 소원을 모두 채워 주시리이다. 나 이제 아노라(시편 20,7). †

  "주님께서는 당신 아드님 예수 그리스도를 보내시어" *

  백성들을 정의로 심판하시리라(시편 9,9ㄴ).

7 주님은 가난한 이에게 피신처, †

  환난 때에 도움이 되어 주시네. *

  당신 이름 아는 이들이 당신을 희망하나이다(시편 9,10-11ㄱ).

8 주 저의 하느님은 찬미받으소서(시편 144,1ㄴ). *

    제 환난의 날에 당신은 저의 성채와 저의 피난처가 되어 주시나이다(시편 59,17ㄷ-ㄹ).

9 저의 도움이시여, 당신께 노래하리이다. *

    하느님, 당신은 저의 성채, 저의 하느님, 저에게 자애로우신 분(시편 59,18).

영광이 성부와… 처음과 같이….

구시경
후렴: 거룩하신 동정 마리아님
시편 [12]

1 주님, 제가 당신께 희망을 두오니, 영원히 수치를 당하지 않게 하소서. *

    당신 정의로 저를 구해 주시고 저를 건져 주소서(시편 71,1ㄴ-2ㄱ).

2 제게 귀를 기울이소서. *

    저를 구원하소서(시편 71,2ㄴ).

3 이 몸 보호할 하느님으로 계셔 주시고, *

    저를 구할 산성이 되소서(시편 71,3ㄱ-ㄴ).

4 주님, 당신은 저의 인내이시오니, *

　　주님, 당신은 제 어릴 적부터 저의 희망이시나이다(시편 71,5).

5 저는 태중(胎中)에서부터 당신께 의지해 왔고 †

　　어미 배 속에서부터 당신은 저의 보호자시니, *

　　저는 언제나 당신을 찬양하나이다(시편 71,6).

6 저의 입은 온종일 당신 찬양으로, *

　　당신 영광의 찬미로 가득 찼나이다(시편 71,8).

7 주님, 너그러우신 자애로 저에게 응답하소서. *

　　당신의 크신 자비로 저를 돌아보소서(시편 69,17).

8 당신 종에게서 얼굴을 감추지 마소서. *

　　곤경 속에 있사오니 어서 응답하소서(시편 69,18).

9 주 저의 하느님은 찬미받으소서(시편 144,1ㄴ). *

　　제 환난의 날에 당신은 저의 성채와 저의 피난처가 되어 주시나이다(시편 59,17ㄷ-ㄹ).

10 저의 도움이시여, 당신께 노래하리이다. *

　　하느님, 당신은 저의 성채, 저의 하느님, 저에게 자애로우신 분(시편 59,18).

　　영광이 성부와… 처음과 같이….

저녁기도

후렴: 거룩하신 동정 마리아님

시편: 위에 나오는 시편 [7]

"모든 민족들아"를 바친다.

제4부 대림 시기

다른 시편들이 시작되는데, 이들 또한 지극히 복되신 우리 사부 프란치스코가 편집한 것으로, 이 시편들은 위에 나오는 주님 수난 시편들을 대신해서 주님의 대림부터 성탄 전야까지만 바친다.

끝기도

후렴: 거룩하신 동정 마리아님

시편 [13]

1 주님, 언제까지 마냥 저를 잊고 계시렵니까? *
　　언제까지 당신 얼굴을 제게서 감추시렵니까?
2 언제까지 제 영혼에 번민을 *
　　날마다 제 마음에 고통을 품어야 하리이까?

3 언제까지 원수가 제 위에서 우쭐대야 하리이까? *

　　주 저의 하느님, 살펴보소서, 저에게 응답하소서.

4 죽음의 잠에 빠지지 않도록 제 눈을 비추소서. *

　　제 원수가 "내가 이겼다" 하지 못하게 하소서.

5 제가 흔들리면 저를 괴롭히는 자들이 날뛸 것이오나 *

　　저는 당신 자애에 희망을 두나이다.

6 제 마음 당신의 구원으로 기뻐 뛰리이다. †

　　은혜를 베푸신 주님께 노래하리이다. *

　　지극히 높으신 주님의 이름을 찬송하리이다(시편 13,1-6).

　　영광이 성부와… 처음과 같이….

밤기도

후렴: 거룩하신 동정 마리아님

시편 [14]

1 "지극히 거룩하신 아버지, 하늘과 땅의 임금이신" 주님, †

　　당신을 찬송하나이다. *

　　당신이 저를 위로해 주셨기 때문이나이다(참조: 이사 12,1).

2 "당신은" 저를 구하시는 하느님이시니, *

　　저는 믿기에 두려워하지 않나이다(참조: 이사 12,2ㄱ-ㄴ).

3 주님은 저의 힘, 저의 찬미. *

　　저를 구원해 주셨나이다(이사 12,2ㄷ; 탈출 15,2).

4 주님, 당신 오른손이 권능으로 영광을 드러내시고, †

　　주님, 당신 오른손이 원수를 짓부수셨으며, *

　　당신의 크신 영광으로 저의 적들을 뒤엎으셨나이다(탈출 15,6-7ㄱ).

5 가난한 이들아, 보고 즐거워하여라. *

　　너희는 하느님을 찾고 너희 마음에 생기를 돋우어라(시편 69,33).

6 주님은 가난한 이의 간청을 들어주시고 *

　　사로잡힌 당신 백성을 멸시하지 않으시나이다(시편 69,34).

7 주님을 찬양하여라, 하늘과 땅아, *

　　바다와 그 안에서 움직이는 모든 것들아(시편 69,35).

8 하느님은 시온을 구하시고, *

　　유다의 성읍들을 세우실 것이기 때문이로다(시편 69,36ㄱ-ㄴ).

9 그리하여 그들이 거기에 살며, *

　　그 곳을 유산으로 차지하리라(시편 69,36ㄷ).

10 또한, 그분 종들의 후손이 그 땅을 차지하고, *

　　그분 이름을 사랑하는 이들이 그 곳에서 살아가리라(시편 69,37).

　영광이 성부와… 처음과 같이….

일시경

후렴: 거룩하신 동정 마리아님

시편: 위에 나오는 시편 [3]

"자비를 베푸소서, 하느님"을 바친다.

삼시경

후렴: 거룩하신 동정 마리아님

시편: 위에 나오는 시편 [10]

"온 땅아, 주님께 환호하여라"를 바친다.

육시경

후렴: 거룩하신 동정 마리아님

시편: 위에 나오는 시편 [11]

"환난의 날에 주님이"를 바친다.

구시경

후렴: 거룩하신 동정 마리아님

시편: 위에 나오는 시편 [12]

"주님, 제가 당신께 희망을 두오니"를 바친다.

저녁기도

후렴: 거룩하신 동정 마리아님

시편: 위에 나오는 시편 [7]

"모든 민족들아"를 바친다.

주해: 시편을 전부 바치지 않고 "온 땅아, 그분 앞에서 무서워 떨어라"(9절) 앞까지만 바친다. 이는 "너희 몸을 바쳐"(8절) 구절은 끝까지 다 바친다는 것을 의미한다. 이 구절(8절)을 마치고 영광송을 바친다. 이와 같이 대림부터 성탄 전야까지 매일 저녁기도로 이 시편을 바친다.

제5부 주님의 성탄에서 공현 팔일 축제 전까지

주님의 성탄 저녁기도

후렴: 거룩하신 동정 마리아님

시편 [15]

1 환호하여라, 우리의 도움 하느님께!(시편 81,2ㄱ) *
　기뻐 소리치며 "살아 계시며 진실하신 주 하느님께" 환호하여라(시편 47,2).

2 주님은 지극히 높으신 분 *

　경외로우신 분, 온 땅의 위대하신 임금이시기 때문이로다 (시편 47,3).

3 세상이 있기 전부터 우리 임금이신(시편 74,12) "지극히 거룩하신 천상 아버지께서 †

　높은 곳에서 사랑하는 당신 아드님을 보내시어"(참조: 1요한 4,19; 마태 3,17), *

　"복되신 동정 성모 마리아에게서 나게 하셨기 때문이로다."

4 "그는" "그분을" 불러 '당신은 저의 아버지' 하리니(시편 89,27), *

　"그분은" 그를 맏아들로, 세상 임금들 가운데 으뜸으로 세우셨도다(참조: 시편 89,28).

5 그 날 주님이 당신 자비를 베푸시니 *

　밤에 저는 그분께 노래 부르리이다(참조: 시편 42,9).

6 이 날은 주님이 마련하신 날, *

　이 날을 기뻐하며 즐거워하세(시편 118,24).

7 "지극히 거룩하고 사랑스러운 아이가 우리에게 주어졌기 때문이로소이다"(참조: 이사 9,5). †

　"여관에는 그들이 머무를 곳이 없었기에 *

　여행 중에 우리를 위하여 태어나(참조: 이사 9,5) 구유에 눕혀졌나이다"(참조: 루카 2,7).

8 "지극히 높은 곳에서는 주 하느님께 영광, *

　　땅에서는 좋은 뜻을 지닌 사람들에게 평화!"(참조: 루카 2,14).

9 하늘은 기뻐하고 땅은 즐거워하여라. †

　　바다와 그 안에 가득 찬 것들은 소리쳐라. *

　　들과 그 안에 있는 것도 모두 기뻐 뛰어라(시편 96,11-12ㄱ).

10 "그분께" 노래하여라, 새로운 노래를, *

　　주님께 노래하여라, 온 땅아(시편 96,1).

11 주님은 위대하시고 드높이 찬양받으실 분, *

　　모든 신들보다 경외로우신 분이시기 때문이로다(시편 96,4).

12 주님께 드려라, 뭇 민족의 가문들아. 주님께 드려라, 영광과

　　영예를. *

　　주님께 드려라, 그 이름의 영광을(시편 96,7-8ㄱ).

13 "너희 몸을 바쳐 그분의 거룩한 십자가를 져라(참조: 루카 14,27). *

　　그분의 지극히 거룩한 계명을 끝날까지 지켜라"(참조: 1베드 2,21).

　　영광이 성부와… 처음과 같이….

주해 : 이 시편은 주님의 성탄부터 공현 팔일 축제까지 모든 시간경에 바친다. 복되신 프란치스코의 이 성무일도를 바치려면 다음과 같이 바친다. 먼저 「주님 기도」와 「찬미」, 곧 "거룩하시다, 거룩하시다, 거룩하시다"를 바친다. 이 「찬미」와 기도를 바치고 나서 위에서 말한 것처럼 후렴 "거룩하신 동정 마리아님"과 함께 시편을 바친다. 시편은 낮과 밤, 각 시간경에 배정되어 있다. 또한, 큰 공경심을 갖고 바친다.

레오 형제에게 준 친필 기도문

1. 지극히 높으신 하느님께 드리는 찬미

1 "당신은 기적을 일으키시는"
　　거룩하시고 유일하신 주 "하느님이시나이다"(시편 77,15).
2 당신은 힘세시나이다.
　　당신은 위대하시나이다(참조: 시편 86,10).
　　당신은 지극히 높으시나이다.
3 당신은 전능하시나이다.
　　당신은 "거룩하신 아버지"(요한 17,11), 하늘과 땅의 임금님이
　　시나이다(참조: 마태 11,25).
4 당신은 삼위이고 한 분이시오며 신들의 주 하느님이시나이다
　　(참조: 시편 136,2).
5 당신은 선善이시고 모든 선이시며 으뜸선이시고
6 살아 계시며 참되신 주 하느님이시나이다(참조: 1테살 1,9).

당신은 애정이시며 사랑이시나이다.

7 당신은 지혜이시나이다.

당신은 겸손이시나이다.

당신은 인내이시나이다(참조: 시편 71,5).

8 당신은 아름다움이시나이다.

당신은 안전함이시나이다.

당신은 고요이시나이다.

9 당신은 즐거움이시며 기쁨이시나이다(참조: 시편 51,10).

당신은 우리의 희망이시나이다.

당신은 정의正義이시며 절제이시나이다.

10 당신은 우리의 흡족한 온갖 보화이시나이다.

11 당신은 아름다움이시나이다.

당신은 온화이시나이다.

12 "당신은 보호자이시나이다"(시편 31,5).

당신은 수호자요 방어자이시나이다.

13 당신은 힘이시나이다(참조: 시편 43,2).

당신은 피난처이시나이다.

당신은 우리의 희망이시나이다.

14 당신은 우리의 믿음이시나이다.

당신은 우리의 사랑이시나이다.

15 당신은 우리의 모든 감미로움이시나이다.

16 당신은 우리의 영원한 생명이시나이다.

17 위대하시고 감탄하올 주님,

전능하신 하느님, 자비로운 구원자시여!

2. 레오 형제에게 준 축복

양피지 위쪽 여백에 레오 형제가 "찬미"와 관련하여 다음과 같이 쓴 첫째 주해가 있다: 복되신 프란치스코께서 돌아가시기 두 해 전에 동정 성 마리아 승천 축일부터 9월 성 미카엘 축일까지 하느님의 어머니 복되신 동정녀와 대천사 복된 미카엘을 공경하며 라 베르나에서 사순절을 보내셨다. 이 때 주님의 손이 그분 위에 내리셨다. 그분께서는 세라핌 모습을 보고, 가르침을 듣고, 자신의 몸에 그리스도의 상처가 새겨진 다음, 이 양피지의 뒷면에 기록된 "찬미"를 지으셨으며, 자기에게 베푸신 은혜에 하느님께 감사드리면서 당신의 손으로 직접 이를 기록하셨다.

1 "주님께서 형제에게 강복하시고 지켜 주시기를!
   당신의 얼굴을 형제에게 보여 주시고
   자비를 베푸시기를!
2 당신의 얼굴을 형제에게 돌리시어
   평화를 주시기를!"(민수 6,24-26)

　위 "축복" 본문에 관한 레오 형제의 둘째 주해는 다음과 같다: 복되신 프란치스코께서 당신의 손으로 나 레오 형제에게 이 축복문을 써 주셨다.

3 레오 형제, 주님께서 형제에게 강복하시기를!(참조: 민수 6,27ㄴ)

　위 본문과 관련하여 맨 아래쪽에 레오 형제의 셋째 주해가 있다. 같은 모양으로 당신의 손으로 머리와 함께 이 타우 표시를 하셨다.

태양 형제의 노래

(피조물의 노래)

1 지극히 높으시고 전능하시고 좋으신 주님,
2 찬미와 영광과 영예와 모든 찬양이 당신의 것이옵고(참조: 묵시 4,9.11),
3 홀로 지극히 높으신 당신께만 이것들이 속함이 마땅하오니,
4 사람은 누구도 당신 이름을 부르기조차 부당하나이다.

5 내 주님, 당신의 모든 피조물과 더불어 찬미받으시옵고(참조: 토빗 8,5),
6 그 가운데 각별히 주인이신 해님 형제와 더불어 찬미받으소서.
7 해님은 낮이옵고, 그로써 당신께서 저희를 비추시나이다.
8 아름답고 장엄한 광채로 빛나는 해님은,
9 지극히 높으신 당신의 모습을 지니나이다.

10 내 주님, 달 자매와 별들을 통하여 찬미받으시옵소서(참조: 시편 148,3).

11 당신께서는 빛 맑고 귀하고 어여쁜 저들을 하늘에 마련하셨나이다.

12 내 주님, 바람 형제를 통하여 그리고 공기와 흐린 날씨와 갠 날씨와

13 모든 날씨를 통하여 찬미받으시옵소서(참조: 다니 3,64-65).

14 저들로써 당신 피조물들을 기르시나이다(참조: 시편 104,13-14).

15 내 주님, 쓰임새 많고 겸손하고 귀하고 순결한

16 물 자매를 통하여 찬미받으시옵소서(참조: 시편 148,4-5).

17 내 주님, 불 형제를 통하여 찬미받으시옵소서(참조: 다니 3,66).

18 그로써 당신은 밤을 밝혀 주시나이다(참조: 시편 78,14).

19 그는 아름답고 쾌활하고 씩씩하고 힘차나이다.

20 내 주님, 우리 어머니인 땅 자매를 통하여 찬미받으시옵소서(참조: 다니 3,74).

21 그는 우리를 기르고 보살피며

22 울긋불긋 꽃들과 풀들과 온갖 열매를 낳아 주나이다(참조: 시편 104, 13-14).

23 내 주님, 당신 사랑 까닭에 용서하며(참조: 마태 6,12),

24 병약함과 시련을 견디어 내는 이들을 통하여 찬미받으시옵소서.
25 평화 안에서 이를 견디는 이들은 복되오니(참조: 마태 5,10),
26 지극히 높으신 이여, 당신께 왕관을 받으리로소이다.

27 내 주님, 우리 육신의 죽음 자매를 통하여 찬미받으시옵소서.
28 살아 있는 어느 사람도 이를 벗어날 수 없나이다.
29 불행하옵니다, 죽을 죄를 짓고 죽는 이들이여!
30 복되옵니다, 당신의 지극히 거룩한 뜻을 실천하며 죽음을 맞이할 이들이여,
31 두 번째 죽음이 저들을 해치지 못하리이다(참조: 묵시 2,11; 20,6).

32 내 주님을 찬미하고 찬양들 하여라(참조: 다니 3,85).
33 감사를 드리고, 한껏 겸손을 다하여 주님을 섬겨라.

들으십시오, 가난한 자매들이여

(노래 형식의 권고)

1 들으십시오, 주님의 부르심 받은 가난한 자매들,
2 여기저기서 모여든 자매들.
3 늘 진리 안에서 살아가십시오,
4 순종 안에 죽을 수 있도록.

5 바깥 생활에 관심 두지 마십시오,
6 영靈 안에서의 생활이 더 좋은 것이니.
7 큰 사랑으로 부탁하오니,
8 주님께서 주신 애긍을 신중히 사용하십시오.

9 병고에 시달리는 자매들,
10 그리고 이들을 돌보느라 지친 자매들,
11 다 함께 평화 중에 인내하십시오.

12 그대들은 여러분의 수고를 비싼 값으로 팔아
13 동정 마리아와 함께 모두 하늘 나라에서 왕관을 받아 여왕이 되리이다.

제2부

편지들

성직자들에게 보낸 편지1

1 모든 성직자들이여, 우리는 우리 주 예수 그리스도의 지극히 거룩한 몸과 피와 지극히 성스러운 이름들과, 몸을 거룩하게 하는 그분의 기록된 말씀들에 관하여 어떤 이들이 가지고 있는 엄청난 죄와 무지에 주목합시다. 2 우리는 먼저 말씀으로 거룩하게 되지 않으면 빵이 주님의 몸이 될 수 없다는 것을 알고 있습니다. 3 사실 우리는 그분의 몸과 피와 이름들과 그리고 우리를 지으시고 "죽음에서 생명으로"(1요한 3,14) 속량하신 말씀들이 아니면, 이 세상에서 지극히 높으신 그분을 육신으로 지니지도 보지도 못합니다.

4 그러므로 이 지극히 거룩한 신비에 봉사하는 모든 이들, 그 가운데 특히 규정에 어긋나게 봉사하는 이들은 그분의 몸과 피를 제물로 봉헌하는 데 사용되는 성작과 성체포 그리고 제대포가 얼마나 형편없는지를 반성해야 합니다. 5 그리고 많은 성직자들이 성체를 형편없는 곳에다 놓아두고 내버려 두며, 불손하게 옮기고 합당치 않게 먹으며, 다른 이들에게 분별없이 나누어 주고 있습니다. 6 어떤 때 그분의 이름들과 기록된 말씀들까지

도 발 아래 짓밟힙니다. 7 "짐승 같은 인간은 하느님의 것들을 깨닫지 못하기"(1코린 2,14) 때문입니다.

   8 자애로우신 주님 몸소 당신 자신을 우리 손에 내어 주시고, 또 우리가 그분을 만지고 날마다 우리 입으로 받아 모실 때, 이 모든 것에 대해 우리 마음이 가엾음으로 움직이지 않겠습니까? 9 도대체 우리가 그분의 손 안에 떨어지리라는 것을 모르십니까? 10 그러므로 이러한 모든 일과 다른 일들에서 즉시 그리고 확고히 우리 자신을 바로잡도록 합시다. 11 그리고 우리 주 예수 그리스도의 지극히 거룩하신 몸이 어떤 장소에, 규정에 어긋나게 놓여 있고 내버려져 있다면, 어디에 있든 그 곳에서 옮겨 소중한 곳에 모셔 잠가 두어야 합니다. 12 마찬가지로 기록된 주님의 이름들과 말씀들도 깨끗하지 못한 곳에 있다면, 어디에 있든 주워 모아 합당한 곳에 두어야 합니다.

   13 모든 성직자들은 무엇보다도 먼저 이러한 모든 일들을 끝까지 지켜야 합니다. 14 그리고 이것을 지키지 않는 이들은 "심판 날에" 우리 주 예수 그리스도 앞에서 "셈 바쳐야"(마태 12,36) 한다는 사실을 알아야 합니다. 15 이를 더 잘 지키기 위하여 이 글을 베끼는 사람들은 주 하느님께 복을 받으리라는 것도 알아두십시오.

성직자들에게 보낸 편지 2

1 모든 성직자들이여, 우리는 우리 주 예수 그리스도의 지극히 거룩한 몸과 피와 지극히 성스러운 이름들과, 몸을 거룩하게 하는 그분의 기록된 말씀들에 관하여 어떤 이들이 가지고 있는 엄청난 죄와 무지에 주목합시다. 2 우리는 먼저 말씀으로 거룩하게 되지 않으면 빵이 주님의 몸이 될 수 없다는 것을 알고 있습니다. 3 사실, 우리는 그분의 몸과 피와 이름들과 그리고 우리를 지으시고 "죽음에서 생명으로"(1요한 3,14) 속량하신 말씀들이 아니면, 이 세상에서 지극히 높으신 그분을 육신으로 지니지도 보지도 못합니다.

4 그러므로 이 지극히 거룩한 신비에 봉사하는 모든 이들, 그 가운데 특히 분별없이 봉사하는 이들은 우리 주님의 몸과 피를 제물로 봉헌하는 데 사용되는 성작과 성체포 그리고 제대포가 얼마나 형편없는지를 반성해야 합니다. 5 그리고 많은 성직자들이 성체를 형편없는 곳에다 놓아두고 내버려 두며, 불손하게 옮기고 합당치 않게 먹으며, 다른 이들에게 분별없이 나누어 주고 있습니다. 6 어떤 때 그분의 이름들과 기록된 말씀들까지도

발 아래 짓밟힙니다. 7 "짐승 같은 인간은 하느님의 것들을 깨닫지 못하기"(1코린 2,14) 때문입니다.

8 자애로우신 주님 몸소 당신 자신을 우리 손에 내어 주시고, 또 우리가 그분을 만지고 날마다 우리 입으로 받아 모실 때, 이 모든 것에 대해 우리 마음이 가엾음으로 움직이지 않겠습니까? 9 도대체 우리가 그분의 손 안에 떨어지리라는 것을 모르십니까? 10 그러므로 이러한 모든 일과 다른 일들에서 즉시 그리고 확고히 우리 자신을 바로잡도록 합시다. 11 그리고 우리 주 예수 그리스도의 지극히 거룩하신 몸이 어떤 장소에, 규정에 어긋나게 놓여 있고 내버려져 있다면, 어디에 있든 그 곳에서 옮겨 소중한 곳에 모셔 잠가 두어야 합니다. 12 마찬가지로 기록된 주님의 이름들과 말씀들도 깨끗하지 못한 곳에 있다면, 어디에 있든 주워 모아 합당한 곳에 두어야 합니다.

13 그리고 우리는 주님의 계명과 거룩한 어머니이신 교회의 규정에 따라 무엇보다도 먼저 이러한 모든 일들을 지켜야 함을 알고 있습니다. 14 그리고 이것을 지키지 않는 사람은 "심판 날에" 우리 주 예수 그리스도 앞에서 "셈 바쳐야"(마태 12,36) 한다는 사실을 알아야 합니다. 15 이를 더 잘 지키기 위하여 이 글을 베끼는 사람들은 주 하느님께 복을 받으리라는 것도 알아 두십시오.

보호자들에게 보낸 편지 1

1 이 편지를 받으시는 작은 형제들의 모든 보호자 여러분, 주 하느님 안에서 여러분의 종이며 보잘것없는 사람인 프란치스코 형제가, 많은 수도자들과 다른 사람들은 하찮게 여기지만 하느님께는 위대하고 지극히 탁월한, 하늘과 땅의 새로운 표지와 함께 인사드립니다.

2 내가 나 자신에게 하는 그 이상으로 여러분에게 부탁합니다. 적당하고 필요하다고 여겨지면 성직자들에게 겸손히 다음과 같이 간청하기를 바랍니다. 우리 주 예수 그리스도의 지극히 거룩하신 몸과 피와, 그분의 거룩한 이름들과, 그분의 몸을 거룩하게 하는 기록된 말씀들을 그 무엇보다 공경해야 합니다. 3 성작과 성체포 및 제대 용품이나 희생제사에 관계되는 것은 모두 값진 것이라야 합니다.

4 그리고 주님의 지극히 거룩하신 몸이 어느 곳에 형편없이 놓여 있으면, 교회의 명에 따라 성체를 소중한 곳에 모시고 자물쇠로 잠가 두어야 하며, 공경심을 다해 성체를 옮기고 다른

이들에게 신중히 나누어 주어야 합니다. 5 또한, 주님의 이름들과 기록된 말씀들이 깨끗하지 못한 곳에서 발견되면 언제나 주워 모아 합당한 곳에 두어야 합니다.

6 그리고 여러분이 하는 모든 설교에서 사람들에게 회개하도록 권하고, 또한 아무도 주님의 지극히 거룩하신 몸과 피를 모시지 않고는 구원받을 수 없다는 사실을 이야기하십시오(참조: 요한 6,54). 7 그리고 사제가 제대 위에서 성체를 축성할 때나 혹은 다른 곳으로 옮길 때, 사람들은 모두 무릎을 꿇고, 살아 계시고 참되신 주 하느님께 찬미와 영광과 영예를 드려야 합니다. 8 그리고 그분께 드려야 할 찬미에 있어 모든 이에게 매시간마다 그리고 종이 울릴 때에 온 세상에 있는 모든 사람이 늘 전능하신 하느님께 찬미와 감사를 드려야 함을 알려 주고 가르치십시오.

9 그리고 이 편지를 받는 나의 보호자 형제들은 누구나 이를 베끼어 간직하고, 또 설교하는 직책과 형제들을 수호하는 직책에 있는 형제들을 위해서도 베끼게 하고, 이 글에 들어 있는 모든 내용을 끝까지 설교할 때 주 하느님의 축복과 나의 축복을 받으리라는 것을 알고 계십시오. 10 그리고 보호자 형제들은 이러한 것들을 참되고 거룩한 순종으로 실행하기를 바랍니다. 아멘.

보호자들에게 보낸 편지 2

1 이 편지를 받으시는 작은 형제들의 모든 보호자 여러분, 하느님의 종들 가운데 가장 작은 종 프란치스코 형제가 주님 안에서 인사드리며 거룩한 평화를 기원합니다.

2 때때로 사람들 사이에서는 값없고 천하게 여겨지는 어떤 것들이 하느님께서 보시기에는 드높고 숭고한 것임을 여러분은 알아 두십시오. 3 한편, 하느님 앞에서는 대단히 값없고 천하게 여겨지는 것들이 사람들 사이에서는 귀중하고 뛰어납니다.

4 우리 주 하느님 앞에서 여러분에게 할 수 있는 한 부탁드립니다. 우리 주님의 지극히 거룩하신 몸과 피에 관하여 말하는 이 편지를 주교들과 다른 성직자들에게 전하십시오. 5 그리고 우리가 여러분에게 권고한 이러한 것들을 마음에 간직하십시오.

6 내가 여러분에게 함께 보내는 다른 편지를 곧바로 여러 장의 사본을 만들어 자치 단체장들과 의원들과 관리들에게 주십시오. 그 안에는 하느님 찬미가 사람들 사이에서 거리마다 널리 퍼져야 한다는 내용이 들어 있습니다. 7 그리고 받아야 할 사람들에게 그것들을 아주 부지런히 전하십시오. 주님 안에 안녕히 계십시오.

백성의 지도자들에게 보낸 편지

1 각 지방의 모든 통치자들과 집정관들과 판사들과 그 밖의 지도자들과 이 편지를 받아 볼 다른 모든 이들에게, 주 하느님 안에서 보잘것없고 하찮은 여러분의 종인 프란치스코 형제가 인사를 드리며 여러분 모두에게 평화를 기원합니다.

2 죽을 날이 다가오고 있음을 생각하시고 명심하십시오(참조: 창세 47,29). 3 그래서 나는 최대한의 존경심을 가지고 여러분에게 부탁드립니다. 여러분이 짊어지고 있는 이 세상 근심과 걱정 때문에 주님을 잊지 않도록 하시고, 그분의 계명을 멀리하지 않도록 하십시오. 그분을 잊고 또 그분의 "계명을 멀리하는" 모든 "자들은 저주를 받고"(시편 118,21) 그분에게서 "잊힐 것이기"(에제 33,13) 때문입니다. 4 그리고 죽음의 날이 오면 가진 줄로 여긴 모든 것들을 빼앗길 것입니다(참조: 루카 8,18). 5 그리고 이 세상에서 지혜와 권력을 더 많이 가진 자일수록 지옥에서 그만큼 더 큰 고통을 겪게 될 것입니다(참조: 지혜 6,7).

6 그러므로 나의 주인이신 여러분에게 간곡히 권합니다. 모

든 근심과 걱정을 물리치고 참된 "회개를 하십시오"(마태 3,2). 또한, 우리 주 예수 그리스도를 거룩하게 기념하여 그분의 지극히 거룩하신 몸과 지극히 거룩하신 피를 기쁘게 받아 모십시오. 7 그리고 여러분에게 맡겨진 백성들이 주님께 큰 공경을 바치게끔 매일 저녁 온 백성에게 전달자를 통해서나 다른 신호로 통보하여 그들이 전능하신 주 하느님께 찬미와 감사를 드리게 하십시오. 8 그리고 만약 여러분이 이렇게 하지 않으면, 여러분의 주 하느님이신 예수 그리스도 앞에서 여러분은 "심판 날에 셈 바쳐야"(마태 12,36) 한다는 사실을 아십시오.

9 이 글을 보관하고 또 지키는 사람은 주 하느님으로부터 축복을 받으리라는 것을 알고 계십시오.

레오 형제에게 보낸 편지

¹ 레오 형제, 그대의 프란치스코 형제가 인사하며 평화를 빕니다.

² 나의 아들, 나는 그대에게 어머니로서 말합니다. 우리가 길에서 함께 이야기를 나눈 모든 것을 간단하게 이 글로 정리하여 권고합니다. 형제에게 이렇게 권고하니, 의견을 물으러 나에게 올 필요가 없습니다. ³ 즉, 주 하느님을 기쁘게 해 드리고 또 그분의 발자취와 가난을 따르는 데에 있어 그대가 보기에 어떤 더 좋은 방법이 있으면, 주 하느님의 축복과 나의 허락으로 그렇게 하도록 하십시오.

⁴ 그리고 그대의 영혼을 위하여 그대에게 또 다른 위로가 필요하여 나에게 다시 오기를 원하면, 오십시오.

어느 봉사자에게 보낸 편지

1 봉사자 [모]某 형제께, "주님께서" 그대를 "축복하시기를!"(민수 6,24).

2 할 수 있는 만큼 나는 그대의 영혼 사정에 관하여 이야기할까 합니다. 그대가 주 하느님을 사랑하는 데에 방해되는 것이든, 또 형제들이나 다른 사람들이 그대를 때리면서까지 방해하든, 이 모든 것을 은총으로 받아들여야 합니다. 3 그리고 그대는 이런 것들을 원하고, 다른 것은 원하지 마십시오. 4 그리고 이것이 그대가 따라야 할 주 하느님의 참된 순종이요 나의 참된 순종이 됩니다. 나는 이것이야말로 참된 순종임을 확실히 알고 있기 때문입니다. 5 그리고 그대에게 이런 것들을 하는 이들을 사랑하십시오. 6 그리고 주님께서 그대에게 주시는 것이 아니면, 그들에게서 다른 것을 바라지 마십시오. 7 그리고 이러한 상황에서 그들을 사랑하고, 그들이 더 훌륭한 그리스도인들이었으면 하고 바라지 마십시오. 8 그러면 이것이 그대에게는 은수 생활보다 더 좋은 것이 될 것입니다.

9 그리고 얼마나 큰 죄를 지었든, 죄를 지은 형제가 그대의 눈을 바라보고 자비를 청했는데도 그대의 자비를 얻지 못하고 물러서는 형제가 이 세상에 아무도 없도록 하십시오. 나는 그것으로 그대가 주님을 사랑하고 있고 또 그분의 종이며 그대의 종인 나를 사랑하고 있는 것으로 알고 있겠습니다. 10 그리고 그 형제가 자비를 청하지 않으면 그대는 그가 자비를 원하는지를 물어보십시오. 11 그리고 그런 다음에도 그가 그대의 눈앞에서 수천 번 죄를 짓더라도 그를 주님께 이끌기 위하여 나보다 그를 더 사랑하고, 이런 형제들에게 늘 자비를 베푸십시오. 12 그리고 그대 쪽에서는 할 수 있을 때, 확실히 그렇게 하겠다는 것을 수호자들에게 알리십시오.

13 대죄에 관하여 말하는 수도규칙의 모든 장章을 우리는 성령 강림 총회에서 주님의 도우심과 형제들의 조언을 받아 이렇게 한 장으로 만들겠습니다. 14 형제들 가운데 어떤 형제가 원수의 충동으로 대죄를 지으면, 그 형제는 자기 수호자 형제에게 갈 순종의 의무가 있습니다. 15 그리고 그가 죄를 지은 줄을 알고 있는 모든 형제들은 그에게 창피를 주거나 비방하지 말고, 오히려 그에게 큰 자비심을 지녀야 하며, 자기 형제의 죄를 철저히 비밀에 부치십시오. "튼튼한 이들에게는 의사가 필요하지 않으나 병든 이들에게는 필요하기"(마태 9,12; 참조: 마르 2,17) 때문입

니다. 16 마찬가지로 그 형제를 동료를 딸려 그의 보호자에게 보낼 순종의 의무가 있습니다. 17 그리고 보호자는 자기가 비슷한 경우에 놓여 있을 때 자기에게 해 주기를 바라는 것처럼 그 형제를 자비롭게 돌보아 줄 것입니다. 18 그리고 어느 형제가 소죄를 지으면, 그는 우리 사제 형제에게 고백할 것입니다. 19 그리고 앞에서 말한 대로 만약 그 곳에 사제가 없으면, 그 형제는 교회법적으로 사죄할 수 있는 사제를 찾을 때까지 자기 형제에게 고백할 것입니다. 20 그리고 이들은 다른 보속을 줄 수 있는 권한이 전혀 없고, 이 보속만 줄 수 있습니다. "돌아가십시오. 그리고 더 이상 죄짓지 마십시오"(요한 8,11).

21 그대는 이 글을 더 잘 지킬 수 있도록 그대의 형제들과 함께 참석할 성령 강림 [총회] 때까지 지니고 계십시오. 22 그리고 그 때에 가서 수도규칙에 빠져 있는 이 문제와 다른 모든 문제들을 주 하느님의 도우심으로 보완하게 될 것입니다.

안토니오 형제에게 보낸 편지

1 나의 주교 안토니오 형제에게
프란치스코 형제가 인사합니다.
2 수도규칙에 담겨 있는 대로, 신학 연구로
거룩한 기도와 헌신의 영을 끄지 않으면,
그대가 형제들에게 신학을 가르치는 일은
나의 마음에 듭니다. 안녕히 계십시오.

신자들에게 보낸 편지 1

제1장

회개하는 이들

1 주님의 이름으로! "마음을 다하고 목숨을 다하고 정신을 다하고 힘을 다하여"(마르 12,30) 주님을 사랑하고, 자기 이웃을 자기 자신처럼 사랑하며(참조: 마태 22,39), 2 자신들의 육신을 그 악습과 죄와 더불어 미워하고, 3 우리 주 예수 그리스도의 몸과 피를 받아 모시며, 4 "회개의 합당한 열매를 맺는"(루카 3,8) 모든 사람, 5 오, 그런 일을 실천하고 그런 일에 항구하는 남녀들은 얼마나 복되고 얼마나 축복받은 사람들인지! 6 "주님의 영이" 그들 "위에 머물고"(이사 11,2), 그들을 거처와 집으로 삼으실 것이며(참조: 요한 14,23), 7 그들은 아버지의 일을 하는 천상 아버지의 아들들이고(참조: 마태 5,45) 우리 주 예수 그리스도의 정배들이요 "형제"들이며 "어머니"(마태 12,50)들이기 때문입니다.

8 성령으로 말미암아 신실한 영혼이 우리 주 예수 그리스도께 결합될 때 우리는 정배들입니다. 9 "하늘에 계신 아버지의

뜻을"(마태 12,50) 실천할 때 우리는 그분의 형제들입니다. 10 신성한 사랑과 순수하고 진실한 양심을 지니고 우리의 마음과 몸에 그분을 모시고 다닐 때(참조: 1코린 6,20) 우리는 어머니들입니다. 표양으로 다른 이들에게 빛을 비추어야 하는 거룩한 행위로써(참조: 마태 5,16) 우리는 그분을 낳습니다.

11 거룩하고 위대하신 아버지를 하늘에서 모시는 것이, 오, 얼마나 영광스러운지! 12 위로가 되고 아름답고 감탄스러운 그러한 정배를 모시는 것이, 오, 얼마나 거룩한지! 13 또한, 흡족스럽고 겸손하고 평화롭고 감미롭고 사랑스러우며 무엇보다도 먼저 열망해야 할 그러한 형제와 그러한 아들인 우리 주 예수 그리스도를 모시는 것이, 오, 얼마나 거룩하고 얼마나 소중한지! 그분은 당신의 양들을 위해 목숨을 바치셨고(참조: 요한 10,15), 아버지께 이렇게 기도하셨습니다.

14 "거룩하신 아버지, 아버지께서 이 세상에서 저에게 주신 이들을 아버지의 이름으로 지켜 주십시오"(요한 17,11). "이들은 본래 아버지의 사람들이었지만 그들을 저에게 주셨습니다"(요한 17,6). 15 그리고 "아버지께서 저에게 주신 말씀을 제가 이들에게 주었고, 이들은 또 그것을 받아들였습니다. 그리하여 이들은 제가 아버지에게서 나왔다는 것을 참으로" 믿고, "아버지께서 저를 보내셨다는 것을" 알게 "되었습니다"(요한 17,8).

16 저는 "세상을 위해서가 아니라"(요한 17,9) 이들을 위하여 빕니다. 17 그들을 축복하시며 "거룩하게 해 주시고"(요한 17,17), "저는 이들을 위하여 저 자신을 거룩하게 합니다"(요한 17,19). 18 "저는 이들만이 아니라 이들의 말을 듣고 저를 믿는 이들을 위해서도 빕니다"(요한 17,20). "그리하여 아버지와 제가 하나인 것처럼"(요한 17,11) 이들도 거룩해져 "하나가 되게 하소서"(요한 17,23). 19 "아버지, 저는 이들도 제가 있는 곳에 저와 함께 있게 되기를 바랍니다"(요한 17,24). "그리하여 아버지의 나라에서"(마태 20,21) "저의 영광을 그들도 볼 수 있게 하소서"(요한 17,24). 아멘.

제2장
회개하지 않는 이들

1 그런데 회개 중에 있지 않고 2 우리 주 예수 그리스도의 몸과 피를 받아 모시지 않으며 3 악습과 죄를 일삼고 나쁜 욕정과 자기 육신의 나쁜 욕망들을 쫓아다니며, 4 주님께 약속한 것들을 지키지 않고, 5 육적인 욕망과 세속의 걱정과 현세 삶에 대한 근심에 빠져 세상을 육신적으로 섬기는 남녀 모든 사람, 6 이들은 악마에 속아 악마의 자식들이 되고 악마의 짓을 그대로 합니다(참조: 요한 8,41). 7 그들은 참된 빛이신 우리 주 예수 그리스

도를 보지 않기에 소경입니다. 8 그들은 아버지의 참된 지혜이신 하느님의 아들을 모시지 않기에 영적인 지혜를 가지지 못합니다. 9 그들에 관하여는 "그들의 온갖 재주도 엉클어져 버렸도다"(시편 106,27)라는 말도 있고, "당신 계명을 떠나 헤매는 자들은 저주받은 자들입니다"(시편 118,21)라는 말도 있습니다. 10 그런 사람은 악을 보고 알아채며 악을 알고 행하며, 알면서도 영혼을 잃습니다.

11 보십시오, 소경들이여, 그대들은 그대들의 원수들인 육과 세상과 마귀에 속았습니다. 왜냐하면 죄를 짓는 일은 육신에 달콤하고, 하느님을 섬기는 일은 육신에 쓰기 때문이며, 12 복음에서 주님께서 말씀하시는 바와 같이 모든 악습과 죄는 "사람의 마음에서" 솟아 "나오기"(마르 7,21) 때문입니다. 13 그리고 그대들은 현세에서나 내세에서나 아무것도 가지지 못합니다. 14 그리고 그대들은 현세의 헛된 것들을 오랫동안 소유할 것이라고 생각하였지만 실은 속았습니다. 그대들이 생각지도 못하고 알지도 못하며 무시해 버리는 그 날과 그 시간이 올 것이기 때문입니다. 육신은 쇠약해지고, 죽음은 다가옵니다. 마침내 쓰디쓴 죽음을 맞고 세상을 떠납니다.

15 그리고 언제 어디서 어떻게 사람이 죽든 보상을 할 수 있는데도 보상을 하지 않고 보속과 보상 없이 대죄 중에 죽으

면, 당해 보지 않고는 아무도 상상할 수 없는 격렬한 고통과 시련 중에 마귀는 그의 몸에서 그의 영혼을 빼앗아 갑니다. 16 그리고 가지고 있다고 여겼던 모든 재능과 권력과 "지식과 지혜를"(2역대 1,12) 빼앗깁니다(참조: 루카 8,18; 마르 4,25). 17 그리고 그는 친척들과 친구들에게 재산을 넘겨주고, 이들은 그것을 받아 서로 나눕니다. 그러고서 그들은 나중에 말합니다. "그는 우리에게 더 많이 줄 수 있었고, 나누어 준 것보다 더 많이 모을 수 있었을 텐데, 그의 영혼은 저주나 받아라." 18 벌레들이 시체를 먹어 버립니다. 이리하여 그는 짧은 이 세상에서 육신과 영혼을 잃고 끝없이 고통받을 지옥으로 갈 것입니다(참조: 루카 16,24).

19 이 편지를 받으시는 모든 이들에게 하느님이신 사랑 안에서(참조: 1요한 4,16) 우리가 부탁합니다. 위에서 언급한 우리 주 예수 그리스도의 향기로운 말씀들을 거룩한 사랑으로 잘 받아들이십시오. 20 그리고 글을 모르는 사람들은 읽어 달라고 자주 부탁하십시오. 21 그리고 이 말씀들은 "영과 생명이니"(요한 6,63) 거룩한 행위로 끝까지 간직하십시오.

22 그리고 이것을 실행하지 않는 사람은 우리 주 예수 "그리스도의 심판대 앞에서"(로마 14,10) "심판 날에 셈 바쳐야"(마태 12,36) 할 것입니다.

신자들에게 보낸 편지 2

1 주 성부와 성자와 성령의 이름으로 아멘. 모든 경건한 그리스도교 신자들, 성직자들과 평신도들, 남자와 여자들, "온 세상에"(마르 14,9; 로마 1,8) 살고 있는 모든 이들에게 여러분의 종이며 아랫사람인 프란치스코 형제가 여러분에게 경의와 함께 존경을 표하며, 하늘의 참된 평화와 주님 안에서 진실한 사랑을 기원합니다.

2 저는 모든 사람의 종이기에 모든 사람을 섬겨야 하며 내 주님의 향기로운 말씀들을 전해야 합니다. 3 그래서 내 육신의 허약함과 병고로 일일이 직접 방문할 수가 없음을 고려하여, 이 편지와 인편으로 아버지의 말씀이신 우리 주 예수 그리스도의 말씀과 "영이며 생명이신"(요한 6,63) 성령의 말씀을 여러분에게 전하기로 마음을 먹었습니다.

4 하늘에 계신 지극히 높으신 아버지께서는 당신의 거룩한 가브리엘 천사를 시켜 아버지의 이토록 합당하고 거룩하고 영광스러운 이 말씀이 거룩하고 영화로운 동정녀 마리아의 태중

에 계심을 알리셨습니다. 그리하여 그 말씀은 마리아의 태중으로부터 우리의 인간성과 연약성의 실제 육肉을 받으셨습니다. 5 그분은 누구보다도 "부유하시면서도"(2코린 8,9) 당신의 어머니이신 지극히 복되신 동정녀와 같이 이 세상에서 몸소 가난을 택하기를 원하셨습니다.

6 그리고 그분은 수난이 가까워지자 당신의 제자들과 함께 파스카를 거행하셨습니다. 그분은 빵을 들어 감사를 드리시고 축복하신 다음, 쪼개며 말씀하셨습니다. "너희는 받아먹어라. 이는 내 몸이다"(마태 26,26). 7 "또, 잔을 들어 말씀하셨습니다"(마태 26,27). "이것은, 죄를 용서해 주려고" 너희들과 "많은 사람을 위하여 흘리는, 새로운 계약의 나의 피다"(마태 26,28). 8 그러고 나서 아버지께 기도하셨습니다. "아버지, 하실 수만 있으면 이 잔을 저에게서 거두어 주십시오"(마태 26,39). 9 "그러는 동안 땀이 핏방울처럼 되어 땅에 떨어졌습니다"(루카 22,44). 10 그러나 아버지의 뜻에 당신의 뜻을 맞추시며 말씀하셨습니다. "아버지, 당신의 뜻이 이루어지게 하십시오"(마태 26,42). "제가 원하는 대로 하지 마시고 아버지께서 원하시는 대로 하십시오"(마태 26,39).

11 아버지의 뜻은, 아버지께서 우리에게 주시고 우리를 위해 태어나신 복되고 영광스러운 당신의 아드님이 십자가 제단에서 자신의 피를 통하여 자신을 희생과 제물로 바치는 것이었습니

다. 12 이것은 당신을 통하여 모든 것이 생겨나게 하신(참조: 요한 1,3) 그분 자신을 위한 것이 아니라 우리의 죄 때문이었고, 13 우리에게 "모범을 남기시어 당신의 발자취를 따르게 하시려는 것이었습니다"(1베드 2,21). 14 또한, 그분은 우리 모두가 당신을 통하여 구원을 받고, 우리가 순수한 마음과 정결한 육신으로 당신을 받아 모시기를 바라십니다. 15 그러나 그분의 "멍에는 편하고" 그분의 "짐은 가벼운데도"(마태 11,30), 그분을 받아 모시고 또 그분을 통하여 구원을 받으려는 사람은 적습니다.

16 하느님의 계명을 지키려 하지 않으면서, "주님이" 얼마나 "감미로운지를 맛보려"(시편 33,9) 하지 않고 "빛보다 어두움을 더"(요한 3,19) 사랑하는 사람들은 저주받은 자들입니다. 17 이들에 관하여 예언자가 말합니다. "당신 계명을 떠나 헤매는 자들은 저주받은 자들입니다"(시편 118,21). 18 그러나 하느님을 사랑하는 이들, 그리고 "네 마음을 다하고 네 정신을 다하여 주 너의 하느님을 사랑하고 네 이웃을 너 자신처럼 사랑해야 한다"(마태 22,37.39)고 주님 친히 복음에서 말씀하시는 대로 실천하는 이들은, 오, 얼마나 복되고 축복받은 사람들인지!

19 그러므로 우리는 하느님을 사랑하고 순수한 마음과 순수한 정신으로 그분께 예배를 드립시다. 하느님께서 무엇보다도 이것을 요구하시며 말씀하셨기 때문입니다. "진실한 예배자들

이 영과 진리 안에서 아버지께 예배를 드릴 것이다"(요한 4,23). 20 그러므로 "예배하는" 모든 "사람들은" 진리의 "영 안에서" 그분께 "예배를 드려야 합니다"(요한 4,24). 21 따라서 "우리는 언제나 기도하고 낙심하지 말아야"(루카 18,1) 하기에, "하늘에 계신 우리 아버지"(마태 6,9)를 바치면서 그분께 "밤낮으로"(시편 31,4) 찬미와 기도를 드립시다.

22 또한 우리는 실로 사제에게 우리의 모든 죄를 고백해야 합니다. 23 그리고 사제로부터 우리 주 예수 그리스도의 몸과 피를 받아 모십시다. 그분의 살을 먹지 않고 그분의 피를 마시지 않는 사람은(참조: 요한 6,55.57) "하느님의 나라에 들어갈 수 없습니다"(요한 3,5). 24 "주님의 몸을 분별없이", 즉 식별하지 못하고, "합당하지 않게" 받아 모시는 자는 "자신에 대한 심판을 먹고 마시는"(1코린 11,29) 것이기에, 우리는 합당하게 먹고 마셔야 합니다. 25 이외에도 "회개의 합당한 열매를"(루카 3,8) 맺도록 합시다. 26 그리고 이웃을 우리 자신처럼 사랑합시다(참조: 마태 22,39). 27 그리고 누가 자기 자신을 사랑하듯이 이웃들을 사랑하기를 원치 않는다면, 적어도 그들에게 악은 끼치지 말고 선을 행할 것입니다.

28 다른 사람들을 심판할 권한을 받은 사람들은 자신이 주님께로부터 자비를 얻기를 바라는 것처럼 자비롭게 심판하도록

하십시오. 29 "무자비한 사람은 무자비한 심판을 받습니다"(야고 2,13). 30 그러므로 우리는 사랑과 겸손을 지닙시다. 그리고 자선을 베풉시다. 이것들이 죄의 더러움에서 영혼을 씻어 주기 때문입니다(참조: 토빗 4,11; 12,9). 31 사람들은 이 세상에 남겨 두는 모든 것을 잃고 말지만, 실행한 사랑의 대가와 실행한 자선은 자신이 가져가서, 주님께로부터 상급과 합당한 보답을 받을 것입니다.

32 우리는 또한 단식해야 하고 악습과 죄를 끊어 버려야 하며(참조: 집회 3,32), 과도한 음식들과 음료를 삼가야 하고 가톨릭 신자다워야 합니다. 33 또한, 우리는 성당에 자주 들르고 성직자들을 존경하고 공경해야 합니다. 만일에 그들이 죄인들이라면 우리는 오직 그들 자신 때문이 아니라 그들의 직책 때문에, 그리고 제대에서 축성하여 자신도 모시고 다른 사람들에게도 나누어 주는 그리스도의 지극히 거룩한 몸과 피에 대한 봉사직 때문에 존경하고 공경해야 합니다. 34 그리고 성직자들이 말하고 전하고 봉사하는 우리 주 예수 그리스도의 거룩한 말씀과 피가 아니고서는 아무도 구원받을 수 없다는 사실을 우리 모두는 확실하게 알고 있어야 하겠습니다. 35 그리고 다른 사람들은 안 되고 그들만이 봉사해야 합니다. 36 특히 세속을 포기한 수도자들은 이보다 더 많고 더 큰 것을 할 의무가 있지만, 이것을 잊어서는 안 됩니다(참조: 루카 11,42).

37 우리는 우리 육신을 그 악습과 죄와 더불어 미워해야 합니다. 주님께서 모든 악과 악습과 죄들은 "마음에서 나옵니다"(마태 15,18-19; 마르 7,23)라고 복음에서 말씀하셨기 때문입니다.

38 우리는 우리의 "원수들을 사랑하고" 우리를 미워하는 "사람들에게"(마태 5,44; 루카 6,27) 잘해 주어야 합니다. 39 우리는 우리 주 예수 그리스도의 계명과 권고를 지켜야 합니다. 40 또한, 우리는 우리 자신을 버려야 하며(참조: 마태 16,24), 각자가 주님께 약속한 대로 섬김과 거룩한 순종의 멍에 밑에 우리의 육신을 두어야 합니다. 41 그러나 아무도 범죄나 죄가 되는 일에 대하여는 어떤 누구에게도 순종으로 순종할 의무가 없습니다.

42 또한, 순종을 받게 되는 사람과 높은 사람으로 여겨지는 "사람은 낮은 사람처럼"(루카 22,26) 되어야 하고, 다른 형제들의 종이 되어야 합니다. 43 그리고 자기가 비슷한 경우에 처해 있을 때 자기 자신에게 해 주기를 바라는 것처럼 각 형제에게 자비를 행하고 지니십시오. 44 어떤 형제의 죄악 때문에 그 형제에게 화를 내지 말고 오히려 온갖 인내와 겸손을 다하여 너그럽게 권고하고 부축하십시오.

45 우리는 육적으로 지혜로운 자들과 영리한 자들이 되어서는 아니 되며(참조: 1코린 1,26), 오히려 더욱 단순한 자들, 겸허한 자들, 순수한 자들이 되어야 합니다. 46 그리고 우리는 우리 탓

으로 비참하고 썩었으며 악취 나고 구더기들이기에 우리의 육신을 수치와 멸시를 받아 마땅한 것으로 여깁시다. 주님께서 예언자를 통하여 말씀하십니다. "저는 인간이 아닌 구더기, 사람들의 우셋거리, 백성의 조롱거리"(시편 22,7). 47 우리는 절대로 다른 사람들 위에 있기를 바라서는 아니 되며, 오히려 "하느님 때문에 모든 인간 피조물"(1베드 2,13)의 종이요 아랫사람이 되어야 합니다.

48 그리고 이런 일을 실천하고 끝까지 이런 일에 항구한 모든 남녀들에게 "주님의 영이 그들 위에 머물고"(이사 11,2) "그들" 안에 당신 거처와 "집을 지으실" 것입니다(참조: 요한 14,23). 49 그러면 그들은 아버지의 일을 실천하는 천상 "아버지의 아들들"이 될 것입니다(참조: 마태 5,45). 50 그리고 그들은 우리 주 예수 그리스도의 정배들이요 "형제들이요 어머니들"(마태 12,50)이 됩니다. 51 성령으로 말미암아 신실한 영혼이 예수 그리스도와 결합될 때 우리는 정배들입니다. 52 그러므로 우리가 "하늘에 계신" 그분의 "아버지의 뜻을"(마태 12,50) 실천할 때 우리는 그분의 형제들입니다. 53 우리가 사랑과 순수하고 진실한 양심을 지니고 우리의 마음과 몸에 그분을 모시고 다닐 때(참조: 1코린 6,20) 우리는 어머니들입니다. 표양으로 다른 이들에게 빛을 비추어야 하는 거룩한 행위로써(참조: 마태 5,16) 우리는 그분을 낳습니다.

54 아버지를 하늘에서 모시는 것이, 오, 얼마나 영광되고 거룩하고 위대한지! 55 정배를 모시는 것이, 오, 얼마나 거룩하고 위로가 되고 아름답고 감탄스러운지! 56 또한, 무엇보다도 먼저 열망해야 할 그러한 형제와 그러한 아들을 모시는 것이, 오, 얼마나 거룩하고 소중하고 흡족스럽고 겸손하고 평화롭고 감미롭고 사랑스러운지! 그분께서는 당신의 양들을 위해 목숨을 바치셨고(참조: 요한 10,15) 우리를 위해 아버지께 기도하셨습니다. "거룩하신 아버지, 아버지께서 저에게 주신 이들을 아버지의 이름으로 지켜 주십시오"(요한 17,11). 57 "아버지, 아버지께서 이 세상에서 저에게 주신 사람들은 모두 아버지의 사람들이었지만 그들을 저에게 주셨습니다"(요한 17,6). 58 그리고 "아버지께서 저에게 주신 말씀을 제가 이들에게 주었고, 이들은 또 그것을 받아들였습니다. 그리하여 이들은 제가 아버지에게서 나왔다는 것을 참으로 알고, 아버지께서 저를 보내셨다는 것을 믿게 되었습니다"(요한 17,8). "저는 세상을 위해서가 아니라 이들을 위하여 빕니다"(요한 17,9). 그들을 축복하시며 "거룩하게 하소서"(요한 17,17). 59 "아버지와 제가 하나인 것처럼 이들도 거룩해지도록 저는 이들을 위하여 저 자신을 거룩하게 합니다"(요한 17,19.22). 60 "아버지, 저는 이들도 제가 있는 곳에 저와 함께 있게 되기를 바라며, 그리하여 '아버지의 나라에서'(마태 20,21) 저의 영광을 그들도 볼

수 있게 하소서"(요한 17,24).

61 우리를 위하여 이처럼 견디셨고 이처럼 온갖 좋은 것을 주셨으며 앞으로도 주실 하느님께 하늘과 땅, 바다와 심연에 있는 모든 피조물들은 찬미와 영광과 영예와 찬양을 돌려드려야 하겠습니다(참조: 묵시 5,13). 62 그분은 홀로 선하시고(참조: 루카 18,19), 홀로 지존하시고, 홀로 전능하시고, 감탄할 만한 분이시고, 영광스러우시고, 그리고 홀로 거룩하시고, 세세대대 영원히 찬미받으실 만한 분이시며, 축복받으실 바로 그분은 우리의 힘이시고 굳셈이시기 때문입니다. 아멘.

63 그런데 회개 중에 있지 않고 우리 주 예수 그리스도의 몸과 피를 받아 모시지 않으며 64 악습과 죄를 일삼고 나쁜 욕정과 나쁜 욕망들을 쫓아다니며, 약속한 것들을 지키지 않고, 65 육적인 욕망과 세속의 근심 걱정과 살아갈 근심에 빠져 세상을 육신적으로 섬기는 남녀 모든 사람, 66 이들은 악마에 속아 악마의 자식들이 되고 악마의 짓을 그대로 합니다(참조: 요한 8,41.44). 그들은 참된 빛이신 우리 주 예수 그리스도를 보지 않기에 소경입니다. 67 그들은 아버지의 참된 지혜이신 하느님의 아들을 자신들 안에 모시지 않기에 영적인 지혜를 가지지 못합니다. 그들에 관하여 이런 말이 있습니다. "그들의 온갖 재주도 엉클어져 버렸도다"(시편 106,27). 68 그런 사람들은 악을 보고 알아채며,

악을 알고 행하며, 알면서도 자신들의 영혼을 잃습니다.

69 보십시오, 소경들이여, 그대들은 우리들의 원수들, 즉 육과 세상과 마귀에 속았습니다. 왜냐하면 죄를 짓는 일은 육신에 달콤하고, 하느님을 섬기는 일은 육신에 쓰기 때문이며, 복음에서 주님께서 말씀하시는 바와 같이 모든 악과 악습과 죄는 "사람의 마음에서" 솟아 "나오기"(마르 7,21; 마태 15,18-19) 때문입니다. 70 그리고 그대들은 현세에서나 내세에서나 아무것도 가지지 못합니다. 71 그대들은 현세의 헛된 것들을 오랫동안 소유할 것이라고 생각하였지만 실은 속았습니다. 그대들이 생각지도 못하고 알지도 못하며 묵살해 버리는 그 날과 그 시간이 올 것이기 때문입니다(참조: 마태 24,44; 25,13).

72 육신은 쇠약해지고, 죽음은 다가오고, 친척들과 친구들이 모여 와 말합니다. "당신의 재산들을 정리하시오." 73 보십시오, 그의 아내와 그의 자녀들과 친척들과 친구들이 우는 시늉을 합니다. 74 그리고 그는 울고 있는 사람들을 바라보다가 악한 충동에 이끌려 속으로 생각하며 말합니다. "보아라, 내 영혼과 내 육신과 내 모든 재산을 너희들의 손에 맡긴다." 75 자기의 영혼과 육신과 모든 재산을 이런 사람들의 손에 믿고 맡기는 이 사람은 참으로 저주받은 사람입니다. 76 그래서 주님께서 예언자를 통하여 말씀하십니다. "사람을 믿는 자들은 저주받으

리라"(예레 17,5). 77 그리고 나서 그들은 즉시 사제를 모셔옵니다. 사제가 그에게 말합니다. "그대는 그대의 모든 죄에 대하여 보속받기를 원합니까?" 78 그가 대답합니다. "원합니다." "그렇다면 그대는 지금까지 그대가 지은 죄와 사람들에게 사취한 것과 그들을 속인 것을 할 수 있는 대로 그대의 재산으로 보상하겠습니까?" 79 그가 대답합니다. "못 하겠습니다." 80 그러자 사제가 말합니다. "왜 못 합니까?" "모든 재산을 친척들과 친구들 손에 넘겨주었기 때문입니다." 81 그러고는 말을 잃고 이 불쌍한 사람은 쓰디쓴 죽음을 맞고 세상을 떠납니다.

82 그리고 모든 사람은 어디서 어떻게 죽든 보상을 하지 않고, 또 보상을 할 수 있는데도 보상을 하지 않고 대죄 중에 죽으면, 당해 보지 않고는 아무도 상상할 수 없는 격렬한 고통과 시련 중에 마귀가 그의 몸에서 그의 영혼을 빼앗아 간다는 것을 알아야 합니다. 83 그리고 가지고 있다고 여겼던(참조: 루카 8,18) 모든 재능과 권력과 지식을 "빼앗깁니다"(마르 4,25). 84 그리고 그는 친척들과 친구들에게 재산을 넘겨주고, 이들은 그것을 받아 서로 나눕니다. 그러고서 그들은 나중에 말합니다. "그는 우리에게 더 많이 줄 수 있었고, 나누어 준 것보다 더 많이 모을 수 있었을 텐데, 그의 영혼은 저주나 받아라." 85 벌레들이 시체를 먹어 버립니다. 이리하여 그는 짧은 이 세상에서 육신과 영

혼을 잃고 끝없이 고통받을 지옥으로 갈 것입니다.

86 이 편지를 받는 여러분 모두에게 여러분의 작은 종인 나 프란치스코 형제가 하느님이신 사랑 안에서(참조: 1요한 4,16) 그리고 여러분의 발에 입을 맞추는 심정으로 여러분에게 부탁하며 간청합니다. 우리 주 예수 그리스도의 이 말씀들과 또 다른 말씀들을 겸손과 사랑으로 잘 받아들여야 하며, 실천하고 지켜야 합니다. 87 그리고 글을 모르는 사람들은 읽어 달라고 자주 부탁하십시오. 그리고 이 말씀들은 "영과 생명이니"(요한 6,63) 거룩한 행위로 끝까지 간직하십시오. 그리고 이것을 실행하지 않는 사람은 심판 날에 우리 주 예수 그리스도의 심판대 앞에서 셈 바쳐야 할 것입니다.

88 그리고 이러한 모든 것을 잘 받아들이고 또 알아듣고 이것을 베껴서 다른 사람들에게 보내고 이것을 "끝까지 지키는"(마태 24,13) 모든 남녀에게 성부와 성자와 성령께서 축복하시기를 빕니다. 아멘.

형제회에 보낸 편지

1 지극히 높으신 삼위이시며 거룩한 일체이신 성부와 성자와 성령의 이름으로. 아멘.

2 존경하고 지극히 사랑하는 모든 형제들, 작은형제회의 총봉사자이시며 나의 주인이신 [엘리야] 형제와 그 후임자들이 될 다른 총봉사자들과 모든 봉사자들과 보호자 형제들, 그리고 그리스도 안에서 겸손한 우리 형제회의 사제들과, 단순하고 순종적인 모든 형제들과, 맨 먼저 들어온 형제들과, 최근에 들어온 형제들에게, 3 보잘것없고 넘어지기 쉬운 사람인 여러분의 작은 종 프란치스코 형제가 "당신의" 지극히 고귀한 "피로 우리를" 속량하셨고 "씻어 주신"(묵시 1,5) 그분 안에서 인사를 드립니다. 4 그분의 이름을 들을 때에 형제들은 땅에 엎드려 두렵고 공경하는 마음으로 그분을 흠숭하십시오(참조: 느헤 8,6). 그분의 이름은 "지극히 높으신 분의 아드님"(참조: 루카 1,32), 주 예수 그리스도이십니다. 그분은 "영원히 찬양받으실"(로마 1,25) 분이십니다. 아멘.

5 주님의 아들들이며 나의 형제들인 여러분, 들으시고, "내 말

을 귀담아 들으십시오"(사도 2,14). 6 여러분 마음의 "귀를 기울이시고"(이사 55,3) 하느님의 아드님의 음성을 따르십시오. 7 그분의 계명을 여러분의 마음에 온전히 간직하시고, 그분의 권고를 정신을 다하여 이행하십시오. 8 "그분은 좋으시니 찬양하고"(시편 135,1), "여러분의 행동으로 그분을 찬미하십시오"(토빗 13,6). 9 "주님께서 여러분을 온 세상에 파견하신 것은"(토빗 13,4) 여러분이 말과 행동으로 그분의 말씀을 증거하여 모든 사람이 "그분 외에는 전능하신 분이 아무도 없다"(토빗 13,4)는 것을 알게 하시려는 것입니다. 10 "규율"과 거룩한 순종 "안에서 항구하고"(히브 12,7), 여러분이 그분께 약속한 것을 선하고 굳건한 결심으로 지키십시오. 11 주 하느님께서는 여러분을 "아들로 여기시며"(히브 12,7) 당신 자신을 내어 주십니다.

12 그러므로 나는 여러분의 발에 입 맞추면서 내가 할 수 있는 사랑으로 모든 형제 여러분에게 부탁드립니다. 우리 주 예수 그리스도의 지극히 거룩하신 몸과 피에 여러분이 할 수 있는 모든 공경과 모든 영예를 나타내 보이십시오. 13 그분 안에서 하늘과 땅에 있는 만물이 전능하신 하느님과 평화롭게 되었고, 화해하게 되었습니다(참조: 콜로 1,20).

14 또한 나는 주님 안에서 나의 모든 사제 형제들과 사제가 될 형제들과 지극히 높으신 분의 사제가 되기를 열망하는 형제

들에게 부탁드립니다. 미사를 거행할 때는 언제나 거룩하고 깨끗한 지향으로 우리 주 예수 그리스도의 지극히 거룩한 몸과 피의 참된 제사를 티 없는 마음으로 정성과 공경을 다하여 드리십시오. 이 세상의 어떤 것 때문에, 또 사람들의 마음에 들려고 하는 자들처럼(참조: 에페 6,6; 콜로 3,22) 어떤 사람들에 대한 두려움이나 애정 때문에 드리지 마십시오. 15 또한, 지극히 높으신 주님 바로 그분의 마음에만 들기를 바라면서, 은총의 도움을 받아 가능한 한 모든 원의가 하느님께 향하도록 하십시오. 미사에서 홀로 그분만이 당신 마음에 드는 대로 일하시기 때문입니다. 16 그래서 그분 친히 말씀하십니다. "나를 기억하여 이를 행하여라"(루카 22,19; 1코린 11,24). 만약에 누가 다르게 거행하면 배신자 유다가 되고, "주님의 몸과 피에 대한 범법자"(1코린 11,27)가 되는 것입니다.

17 나의 사제 형제들이여, 모세법에 관하여 기록된 것을 기억하십시오. 그것을 외적으로라도 범한 사람은 주님의 선고로 가차 없이 처형을 받습니다(참조: 히브 10,28). 18 하물며 "하느님의 아드님을 짓밟고, 자기를 거룩하게 해 준 계약의 피를 더러운 것으로 여기고, 은총의 성령을 모독한 자는 얼마나" 더 크고 더 엄한 "벌을 받아야 마땅하겠습니까?"(히브 10, 29). 19 사실, 사도의 말대로 그리스도의 거룩한 빵을 다른 음식이나 다른 행위와 구

분하지 않고 "분별없이"(1코린 11,29) 합당치 못한 사람이 먹는다든가, 아니면 합당한 사람이라 해도 아무 생각 없이 합당치 않게 먹는다면 하느님의 어린양을 멸시하고 더럽히고 짓밟는 것이기 때문입니다. 주님께서 예언자를 통하여 이렇게 말씀하십니다. 하느님의 "일을 소홀히 하는 자는 저주를 받으리라"(예레 48,10). 20 그리고 그분께서는 이 말을 진심으로 마음에 새기려 하지 않는 사제들을 이렇게 단죄하십니다. "너희의 축복을 저주로 바꾸리라"(말라 2,2).

21 들으십시오, 나의 형제들이여. 복되신 동정녀께서 지극히 거룩한 태중에 그분을 품으신 것만으로도 그토록 지당한 공경을 받는다면, 그리고 복된 세례자가 두려워서 감히 하느님의 거룩한 머리에 손을 대지 못했다면, 그리고 그분께서 잠시 동안 누워 계셨던 무덤도 경배를 받는다면, 22 하물며 이제 죽지 않고 영원히 살아 계시어 영광을 받으신 분이며 "천사들도 보고 싶어 하는 분"(1베드 1,12)을 손으로 만지고, 마음과 입으로 모시며, 다른 이들도 모시도록 해 주는 사람은 얼마나 거룩하고 의롭고 합당해야 하겠습니까!

23 사제 형제들이여, 여러분의 품위를 생각해 보십시오(참조: 1코린 1,26). 그리고 그분이 거룩하시니 여러분도 거룩한 사람이 되십시오(참조: 레위 19,2). 24 그리고 이러한 봉사직 때문에 주 하느

님께서 여러분을 모든 사람 위에 영예롭게 하셨으니, 여러분도 모든 사람 위에 그분을 사랑하고 받들고 공경하십시오. 25 여러분이 이렇게 눈앞에 그분을 모시고 있으면서 온 세상의 다른 일에 마음을 쓴다면 이는 참으로 가련한 일이고, 가련하기 짝이 없는 나약함입니다.

26 "살아 계신 하느님의 아드님, 그리스도께서"(요한 11,27)
    사제의 손 안에서
    제대 위에 계실 때,
    모든 사람은 두려움에 싸이고
    온 세상은 떨며
    하늘은 환호할지어다!
27 오, 탄복하올 높음이며
    경이로운 공손함이여!
    오, 극치의 겸손이여
    오, 겸손의 극치여!
    우주의 주인이시며
    하느님이시고 하느님의 아들이신 분이
    이토록 겸손하시어
    우리의 구원을 위해서

하찮은 빵의 형상 안에
당신을 숨기시다니!

28 형제들이여, 하느님의 겸손을 보십시오.
그리고 "그분 앞에 여러분의 마음을 쏟으십시오"(시편 62,9).
그분이 여러분을 높여 주시도록
여러분도 겸손해지십시오(참조: 1베드 5,6; 야고 4,10).

29 그러므로 여러분에게 당신 자신 전부를 바치시는 분께서
여러분 전부를 받으실 수 있도록
여러분의 것 그 아무것도
여러분에게 남겨 두지 마십시오.

30 이러한 까닭으로 주님 안에서 권고하고 훈계합니다. 형제들이 머무는 곳에서 거룩한 교회의 규범에 따라 하루에 미사 한 대만 드리도록 하십시오. 31 한 곳에 여러 명의 사제가 있을 경우에는 애덕에 대한 사랑으로 다른 사제가 집전하는 미사에 참여하는 것으로 만족하십시오. 32 제대 위에 있거나 없거나 주 예수 그리스도께서는 당신께 합당한 사람을 채워 주시기 때문입니다. 33 그분께서는 여러 곳에 계시는 듯 보이지만 나뉠 수 없는 분으로 계시고, "결코 줄어들지 않으시며", 어디서나 하나이시고, 당신 마음에 드시는 대로 주 하느님 아버지와 보호자이

신 성령과 함께 세세에 영원히 일하십니다. 아멘.

34 그리고 하느님에게서 온 사람은 하느님의 말씀을 듣는 법이니(참조: 요한 8,47), 아주 특별하게 거룩한 직책을 맡은 우리는 하느님께서 말씀하시는 바를 듣고 실천해야 함은 물론, 우리 창조주의 높으심과 그분 안에서의 우리의 순종이 우리 안에 차차 뿌리를 내리도록, 우리는 거룩한 그릇과 그분의 거룩한 말씀을 담고 있는 전례서를 비롯한 다른 전례용품들을 잘 간수해야 합니다. 35 그러므로 나의 모든 형제들에게 권고하며 그리스도 안에서 격려합니다. 어디서든지 글로 쓰인 하느님의 말씀을 발견하게 되면, 할 수 있는 대로 경의를 표하십시오. 36 그리고 그것들이 잘 간수되어 있지 않거나 혹은 아무렇게나 흩어져 있으면, 형제들에게 관련되어 있는 한 "그 말씀을 하신"(1열왕 2,4) 주님을 말씀 안에서 공경하는 마음으로 주워 모아 제자리에 놓도록 하십시오. 37 사실, 많은 것들이 하느님의 말씀을 통하여 거룩해지며(참조: 1티모 4,5), 제단의 성사가 그리스도의 말씀의 힘으로 이루어지기 때문입니다.

38 이제 나는 주 하느님 아버지와 아드님과 성령께, 그리고 평생 동정녀이신 복되신 마리아와 하늘과 땅에 계신 모든 성인들과 공경하올 나의 주인이시며 우리 수도회의 봉사자이신 [엘리야] 형제께, 그리고 우리 회의 사제들과 축복받은 나의 다른

모든 형제들에게 나의 모든 죄를 고백합니다. 39 나는 나의 큰 탓으로 많은 점에서 죄를 지었습니다. 특히 주님께 서약한 수도규칙을 지키지 않았고, 수도규칙이 명한 대로 성무일도를 바치지 않았습니다. 이는 내가 게을러서도 그랬고, 몸이 아파서도 그랬고, 무지하고 배우지 못해서도 그랬습니다. 40 그러므로 나의 주인이신 총봉사자 [엘리야] 형제에게 할 수 있는 한 간절히 청하오니, 수도규칙을 모든 형제들이 어김없이 지키도록 하시고, 41 또한 성직형제들로 하여금 목소리의 음률보다는 마음의 울림을 깊이 살펴, 하느님 앞에서 열심히 성무일도를 바치도록 하십시오. 그렇게 하여 목소리는 마음과, 마음은 하느님과 화음和音을 이루어 42 순수한 마음으로 하느님을 기쁘시게 해 드리고, 목소리를 곱게 내어 사람의 귀를 매혹시키지 마십시오. 43 나도 하느님께서 나에게 은총을 주시는 대로 이것들을 굳게 지킬 것을 약속합니다. 그리고 나와 함께 있는 형제들에게도 성무일도나 정해진 다른 규정들에 관하여 이를 준수하도록 하겠습니다.

44 형제들 가운데 누구라도 이것들을 지키려 하지 않으면, 나는 그들을 가톨릭 신자로도 나의 형제로도 여기지 않겠습니다. 또, 그들이 회개할 때까지는 보는 것도 싫고 말하는 것도 싫습니다. 45 수도규칙의 규율을 제쳐 놓고 떠돌아다니는 다른 모든 형

제들에게도 나는 같은 말을 하겠습니다. 46 왜냐하면 우리 주 예수 그리스도께서 지극히 거룩하신 아버지께 대한 순종을 떠나지 않기 위하여 당신의 목숨을 바치셨기 때문입니다(참조: 필리 2,8).

47 주 하느님의 쓸모없는 사람이며 부당한 피조물인 나 프란치스코 형제가 주 예수 그리스도의 이름으로 전☆ 우리 수도회의 봉사자이신 [엘리야] 형제와 그의 후임자가 될 모든 총봉사자들, 그리고 형제들의 다른 보호자 및 수호자들, 또한 이들의 후임자가 될 형제들에게 말합니다. 이 글을 소지하여 실천하시고 열성껏 보관하십시오. 48 그리고 이들에게 간청합니다. 이 글에 적혀 있는 것들을 힘써 지키시고, 전능하신 하느님께 흡족하도록 이제와 항상 이 세상이 끝날 때까지 더욱 열심히 실천하도록 하십시오.

49 이것들을 지키는 "여러분에게 주님의 축복을 빌며"(시편 113,15), 주님께서 여러분과 영원히 함께 하시기를 빕니다. 아멘.

기도

50 전능하시고 영원하시며 의로우시고 자비로우신 하느님,
　가련한 우리로 하여금

당신이 원하신다고 우리가 알고 있는 것을

바로 당신 때문에 실천케 하시고,

당신 마음에 드는 것을 늘 원하게 하시어,

51 내적으로 깨끗해지고, 내적으로 빛을 받고, 성령의 불에

타올라,

당신의 사랑하시는 아드님

우리 주 예수 그리스도의 발자취를 따를 수 있게 하시고,

52 지극히 높으신 분이시여,

오로지 당신의 은총으로만 당신께 이르게 하소서.

주님께서는 완전한 삼위이시고 단순한 일체이시며

살아 계시고 다스리시며 영광을 받으시고

세세 대대로 전능하신 하느님이시나이다. 아멘.

제3부

수도규칙과 격려문들

인준받지 않은 수도규칙

머리말

1 "성부와 성자와 성령의 이름으로. 아멘." 2 이것은 프란치스코 형제가 교황님께 허락과 확인을 요청한 생활입니다. 이에 교황님께서는 프란치스코 형제와 현재 및 미래의 그의 형제들에게 이것을 허락하시고 확인해 주셨습니다. 3 프란치스코 형제와 이 수도회의 머리가 될 형제는 누구나 인노첸시오 교황님과 그의 후계자들에게 순종과 존경을 서약할 것입니다. 4 그리고 다른 형제들은 프란치스코 형제와 그의 후계자들에게 순종할 의무가 있습니다.

제1장

형제들은 순종과 정결 안에
소유 없이 살아야 할 것입니다

1 이 형제들의 수도규칙과 생활은 순종 안에, 정결 안에, 소유 없이 살면서 우리 주 예수 그리스도의 가르침과 발자취를 따르는 것입니다. 2 주님께서 말씀하십니다. "네가 완전한 사람이 되려거든, 가서 '가진 것을 다 팔아'(루카 18,22) 가난한 이들에게 나누어 주어라. 그러면 네가 하늘에서 보물을 차지하게 될 것이다. 그리고 와서 나를 따라라"(마태 19,21). 3 또, "누구든지 내 뒤를 따라오려면, 자신을 버리고 제 십자가를 지고 나를 따라야 한다"(마태 16,24). 4 마찬가지로, "누구든지 나에게 오면서 자기 아버지와 어머니, 아내와 자녀, 형제와 자매, 심지어 자기 목숨까지 미워하지 않으면, 내 제자가 될 수 없다"(루카 14,26). 5 또, "나 때문에 아버지와 어머니, 형제나 자매나 아내나 자녀, 집이나 토지를 버린 사람은 백배의 상을 받고, 또 영원한 생명을 얻을 것이다"(마태 19,29; 마르 10,29; 루카 18,29).

제2장
형제들을 받아들임과 복장

1 누군가가 하느님의 영감을 받아 이 생활을 받아들이려고 우리 형제들을 찾아오면, 형제들은 그를 친절하게 맞이할 것입니다. 2 만일, 그 사람이 우리 생활을 받아들일 마음이 확고하면, 형제들은 그의 재산 문제에 관여하지 않도록 극히 조심할 것이며, 그를 될 수 있는 대로 빨리 봉사자에게 보낼 것입니다. 3 그리고 봉사자는 그를 친절하게 맞이하고 용기를 북돋아 주며, 우리 생활의 내용을 정성껏 설명할 것입니다. 4 그리고 나서 그 지원자가 그렇게 할 원의가 있고, 또 영적으로 아무 장애 없이 그렇게 할 수 있으면, 자기의 모든 것을 팔아 가난한 사람들에게 모두 나누어 주도록 힘쓸 것입니다. 5 형제들과 형제들의 봉사자는 어떤 방법으로도 그의 일에 관여하지 않도록 조심할 것이며, 6 직접적으로나 다른 사람을 통하여 어떠한 금품도 받지 말 것입니다. 7 그렇지만 형제들이 궁핍할 경우에, 그 필요성 때문에 형제들은 다른 가난한 사람들처럼 금품을 제외하고 육신에 필요한 다른 것들을 받을 수 있습니다. 8 그리고 그 사람이 돌아오면, 봉사자는 그에게 일 년 간의 시련복, 즉 모자 없는 수도복 두 벌과 띠와 속바지와 허리띠까지 내려오는 겉옷

을 줄 것입니다. 9 그리고 시련기 일 년을 마친 다음, 그를 순종 생활로 받아들일 것입니다. 10 그 후에는 교황님의 명령에 따라 다른 수도회에 들어가거나 "순종을 벗어나 돌아다닐" 수 없습니다. 왜냐하면 복음에 따라 "쟁기에 손을 대고 뒤를 돌아보는 자는 하느님 나라에 합당하지 않기"(루카 9,62) 때문입니다. 11 그리고 어떤 사람이 자기 재산을 나누어 줄 영적인 원의는 가지고 있지만, 장애가 있어서 가진 것을 나누어 줄 수 없는 경우에는, 그 재산을 버리는 것만으로도 충분합니다. 12 거룩한 교회의 규범과 규정을 거슬러 아무도 받아들이지 말 것입니다.

13 그리고 순종을 서약한 다른 형제들은 모자 있는 수도복 한 벌과 띠와 속바지를 가질 것이며, 필요하다면 모자 없는 수도복 한 벌을 더 가질 수 있습니다. 14 그리고 모든 형제들은 값싼 옷을 입을 것이며, 또한 하느님의 축복을 받아 그 옷을 거친 천이나 다른 헝겊으로 기워 입을 수 있습니다. 왜냐하면 "화려한 옷을 입고 호화롭게 사는 자들"(루카 7,25)과 "고운 옷을 걸친 자들은 왕궁에 있다"(마태 11,8)고 주님께서 복음에서 말씀하시기 때문입니다. 15 그리고 위선자들이라고 불릴지라도 형제들은 선행을 멈추지 말 것이며, 하늘 나라에서 의복을 가질 수 있도록 이 세상에서는 값비싼 옷을 찾지 말 것입니다.

제3장

성무일도와 단식재

1 주님께서 말씀하십니다. "단식하고 기도하지 않고서는 이런" 악령들을 "쫓아낼 수 없다"(마르 9,29). 2 그리고 또 말씀하십니다. "너희는 단식할 때에 위선자들처럼 침통한 표정을 짓지 마라"(마태 6,16).

3 그러므로 성직형제나 평형제 모두는 정해진 대로 성무일도와 찬미의 기도들과 다른 기도들을 바칠 것입니다. 4 성직형제들은 성직자들의 관례에 따라 성무일도를 바치고 산 이들과 죽은 이들을 위하여 기도할 것입니다. 5 그리고 형제들의 결함과 과실을 위하여 매일 "주님의 기도"와 함께 "하느님, 자비하시니"(시편 51)를 바칠 것입니다. 6 그리고 죽은 형제들을 위하여 "주님의 기도"와 함께 "깊은 구렁 속에서 주님께 부르짖사오니"(시편 130)를 바칠 것입니다. 7 그리고 성무일도를 바치는 데 필요한 책들만 가질 수 있습니다. 8 그리고 시편을 읽을 수 있는 평형제들도 시편집을 가질 수 있습니다. 9 그러나 글을 모르는 이들은 책을 가져서는 안 됩니다.

10 평형제들은 밤기도로 "사도신경"과 "주님의 기도" 스물네 번과 "영광송"을 바칠 것이며, 아침기도로 다섯 번, 일시경으로 "사도신경"과 "주님의 기도" 일곱 번과 "영광송"을 바칠 것입니

다. 삼시경, 육시경, 구시경으로 각각 일곱 번, 저녁기도로 열두 번을 바칠 것입니다. 끝기도로 "사도신경"과 "주님의 기도" 일곱 번과 "영광송", 그리고 죽은 이들을 위하여 "주님의 기도" 일곱 번과 "주님, 그들에게 영원한 안식을 주소서" 한 번, 그리고 형제들의 결함과 과실을 위하여 매일 "주님의 기도" 세 번을 바칠 것입니다.

11 이와 같이 모든 형제는 모든 성인의 축일부터 성탄 축일까지, 그리고 우리 주 예수 그리스도께서 단식을 시작하신 주님의 공현 축일로부터 부활 축일까지 단식할 것입니다. 12 이외에 금요일을 제외한 다른 때에는 이 생활에 따라 단식할 의무가 없습니다. 13 그리고 복음에 따라, "차려 주는" 모든 음식을 "먹어도"(루카 10,8) 됩니다.

제4장
봉사자들과 다른 형제들 간의 관계

1 주님의 이름으로! 2 다른 형제들의 봉사자요 종이 된 모든 형제들은 자기 관구나 지역 내에 자기 형제들을 배치할 것이며, 또한 그들을 자주 방문하고 영적으로 권고하고 굳건히 해 줄 것입니다. 3 그리고 축복받은 나의 다른 모든 형제들은 영혼의 구

원에 관한 일과 우리 생활에 반대되지 않는 일에 있어서, 봉사자들에게 충실히 순종할 것입니다. 4 그리고 형제들은 "남이 너희에게 해 주기를 바라는 그대로 너희도 남에게 해 주어라"(마태 7,12), 5 또 네가 싫어하는 일은 아무에게도 하지 말라고(참조: 토빗 4,16; 루카 6,31) 주님께서 말씀하시는 대로 서로서로 대할 것입니다. 6 그리고 봉사자요 종들은, "나는 섬김을 받으러 온 것이 아니라 섬기러 왔다"(마태 20,28)고 하시는 주님의 말씀과, 또한 자신들에게 형제들의 영혼을 돌보는 일이 맡겨져 있기에, 만일 자신들의 잘못이나 나쁜 표양 때문에 형제들 가운데 누군가를 잃게 된다면, "심판 날에" 우리 주 예수 그리스도 앞에서 "셈 바쳐야"(마태 12,36) 한다는 사실을 기억할 것입니다.

제5장

죄지은 형제들을 바로잡음

1 그러므로 "살아 계신 하느님의 손에 떨어지는 것은 무서운 일"(히브 10,31)이기에 여러분은 여러분의 영혼과 형제들의 영혼을 돌보십시오. 2 그러나 만일 봉사자들 가운데 누군가가 어떤 형제에게 우리 생활과 반대되거나 영혼에 해가 되는 것을 명한다면 그에게 순종할 의무가 없습니다. 범죄나 죄를 저지르게 하는

그런 순종은 있을 수 없기 때문입니다. 3 그렇지만 봉사자요 종들의 손아래에 있는 모든 형제들도 봉사자요 종들의 행동을 신중하고 자세하게 살필 것입니다. 4 그리고 만일 봉사자들 가운데 누군가가 우리 생활의 정도正道에 비추어 영적으로 살지 않고 육적으로 사는 것을 형제들이 목격한다면, 그리고 세 번째 권고 후에도 스스로 고치지 않는다면, 어떠한 장애를 무릅쓰고라도 성령 강림 총회 때에 전全 형제회의 봉사자요 종에게 알릴 것입니다. 5 그리고 어디에 있든지 간에 형제들 가운데 영적으로 살지 않고 육적으로 살고자 하는 어떤 형제가 있으면, 그와 함께 있는 형제들은 겸손하고 자상하게 권고도 하고 훈계도 해 주어 그를 바로잡아 줄 것입니다. 6 만일, 세 번째 권고 후에도 스스로 고치려 하지 않으면, 될 수 있는 대로 빨리 그를 자기 봉사자요 종에게 보내거나, 아니면 그 일을 알릴 것입니다. 봉사자요 종은 하느님 앞에서 더 유익하다고 판단하는 대로 그 형제의 일을 처리할 것입니다.

7 그리고 마귀는 한 사람의 범죄로 많은 사람들을 파멸시키려 하기 때문에, 모든 형제들, 즉 봉사자요 종들은 물론 다른 형제들도 누구의 죄나 나쁜 표양 때문에 흥분하거나 화내지 않도록 주의할 것입니다. 8 오히려 "튼튼한 이들에게는 의사가 필요하지 않으나 병든 이들에게는 필요하기"(마태 9,12; 참조: 마르 2,17)

때문에, 형제들은 최선을 다해 죄를 범한 형제를 영적으로 도와줄 것입니다.

9 이와 같이 모든 형제들은 이 점에 있어서 특히 형제들 서로 간에 어떤 권한이나 지배권도 가져서는 안 됩니다. 10 주님께서 복음에서 이렇게 말씀하시기 때문입니다. "통치자들은 백성 위에 군림하고, 고관들은 백성에게 세도를 부린다"(마태 20,25). 그러나 형제들끼리는 "그러면 안 됩니다." 11 형제들 "가운데에서 높은 사람이 되려는 이는" 형제들의 "봉사자"와 종이 "되어야 합니다"(마태 20,26-27). 12 형제들 가운데에서 "높은 사람은 낮은 사람처럼 되어야 합니다"(루카 22,26).

13 어떤 형제도 다른 형제에게 악한 짓을 하거나 악한 말을 하지 말 것입니다. 14 오히려 영靈의 사랑으로 자진해서 서로 봉사하고 순종할 것입니다(참조: 갈라 5,13). 15 이것이 바로 우리 주 예수 그리스도의 참되고 거룩한 순종입니다. 16 모든 형제들은 "주님의 계명을 어기고"(시편 119,21) 순종을 벗어나 돌아다닐 때마다, 그것을 알면서도 그 죄 중에 머물러 있는 한, 예언자의 말대로 자신들이 순종을 벗어난 저주받은 자임을 알아야 합니다. 17 그리고 거룩한 복음과 자신의 생활을 통하여 약속한 주님의 계명을 굳게 지킬 때, 자신들이 참된 순종 안에 머물러 있게 되고, 주님의 축복을 받는 자들이 된다는 것을 모든 형제들은 알아야 합니다.

제6장

형제들이 봉사자들에게 가는 일,
그리고 아무도 장상으로 불리지 말아야 함

   1 형제들은 어디에 있든지 우리의 생활을 실행할 수 없으면, 될 수 있는 대로 빨리 자기 봉사자에게 달려가 이 사실을 알릴 것입니다. 2 봉사자는 자기가 비슷한 경우에 처했을 때, 그 형제가 자기에게 해 주기를 바라는 것처럼(참조: 마태 7,12) 그를 도와주도록 힘쓸 것입니다. 3 그리고 아무도 장상이라고 부르지 말고, 반대로 모두가 똑같이 작은 형제들이라 부를 것입니다. 4 그리고 "서로서로 발을 씻어 줄 것입니다"(요한 13,14).

제7장

봉사와 일하는 자세

   1 모든 형제들은 남의 집에서 봉사하거나 일하기 위하여 어느 곳에서든지 감독관이나 관리인이 되지 말아야 하며, 봉사하는 집에서 주관해서는 안 됩니다. 또한, 추문을 일으키거나 자기 영혼에 해를 입히는(참조: 마르 8,36) 어떤 직책도 맡지 말 것입니다. 2 오히려 같은 집에 있는 모든 이들보다 더 낮은 사람이

되고 아랫사람이 되어야 합니다.

3 그리고 일을 할 줄 아는 형제들은 일을 할 것이며, 알고 있는 기술이 영혼의 구원에 해가 되지 않고 올바르게 쓸 수 있다면, 그 기술을 사용할 것입니다. 4 예언자가 "네 손으로 벌어들인 것을 네가 먹으리니 너는 행복하여라, 너는 복이 있어라"(시편 128,2) 하고 말하고, 5 또 사도는 "일하기 싫어하는 자는 먹지도 마라"(2테살 3,10)고 하며, 6 또 "저마다 부르심을 받았을 때의 기술과 일을 그대로 유지하십시오"(1코린 7,24)라고 말하기 때문입니다. 7 그리고 형제들은 일의 보수로 금품을 제외하고 필요한 모든 것을 받을 수 있습니다. 8 그리고 필요하다면 다른 형제들처럼 동냥을 하러 다닐 것입니다. 9 그리고 각자의 기술에 필요한 공구와 연장을 가질 수 있습니다.

10 "네가 일에 몰두해 있는 것을 마귀가 보도록 항상 좋은 일을 하여라"라고 적혀 있으니, 모든 형제들은 땀 흘려 "좋은 일을 하도록 힘쓸 것"입니다. 11 또 다른 곳에는 "한가함은 영혼의 원수다"라고 적혀 있습니다. 12 그러므로 하느님의 종들은 언제나 기도나 어떤 좋은 일에 열중해야 합니다.

13 형제들은 은수처들이나 다른 거처들 어디에 있든지 간에, 어떤 곳도 자기 것으로 소유하지 말고, 또 누구와 다투면서 그것을 지키려 하지 않도록 조심할 것입니다. 14 그리고 찾아오는

사람은 누구나, 벗이나 원수든, 도둑이나 강도든 모두를 친절하게 맞을 것입니다. 15 그리고 어디에 있든지 또 어느 곳에서 만나든지 형제들은 서로 영적으로 정성껏 대하며, "불평불만 없이 서로"(1베드 4,9) 존경해야 합니다. 16 그리고 형제들은 위선자들처럼 겉으로 침통한 표정을 짓거나 찌푸린 얼굴을 하지 않도록 조심할 것이며(참조: 마태 6,16), 오히려 "주님 안에서 기뻐하고"(필리 4,4) 명랑하며, 적절히 쾌활한 모습을 보일 것입니다.

제8장
형제들은 금품을 받지 말 것입니다

1 주님께서 복음에서 명하십니다. "너희는 주의하여라. 모든" 악의와 "탐욕을 경계하여라"(루카 12,15). 2 또, 이 세속의 걱정과 "일상의 근심에 마음을 빼앗기지 않도록 조심하여라"(루카 21,34). 3 그러므로 어느 형제라도 어디에 있든지 어디에 가든지 간에 앓는 형제들 때문에 꼭 필요한 경우가 아니라면 어떤 이유로든 옷이나 책을 위해서든 어떤 일의 보수로든 어떤 방법으로도 금품이나 돈을 갖거나 받거나 받게 하지 말 것입니다. 실상, 우리는 금품이나 돈을 돌덩이보다 더 쓸모 있다고 여기거나 생각해서는 안 되기 때문입니다. 4 그리고 마귀는 금품이나 돈을 탐

하거나 돌보다도 더 귀하게 여기는 사람들을 눈멀게 하려 합니다. 5 그러므로 모든 것을 버린 우리는(참조: 마태 19,27) 그처럼 보잘것없는 것 때문에 하늘 나라를 잃지 않도록 조심합시다. 6 그리고 만일 돈을 발견하게 되면, "헛되고 헛되며 세상만사 헛되니"(코헬 1,2) 우리는 그것을 발 아래 밟히는 티끌처럼 여깁시다. 7 그리고 이런 일이 없었으면 합니다만, 앞서 말한 대로 오로지 앓는 형제들 때문에 필요한 경우를 제외하고, 어떤 형제가 만약에 금품이나 돈을 모으거나 혹은 갖고 있으면 우리 모든 형제들은 그가 진심으로 회개하지 않는 한, 그를 거짓 형제요 배신자요 도둑이요 강도요 돈주머니를 챙기는 자로(참조: 요한 12,6) 간주합시다. 8 그리고 형제들은 절대로 금품이나 돈 애긍을 받거나 받게 하지 말고, 또한 청하거나 청하게 하지 말며, 집이나 거처를 위해서도 그렇게 하지 말 것입니다. 그리고 그런 거처를 위하여 금품이나 돈을 청하는 사람과 함께 다니지도 말 것입니다. 9 그렇지만 형제들은 하느님의 축복을 받아, 거처를 위하여 우리 생활에 반대되지 않는 다른 봉사를 할 수 있습니다. 10 그러나 형제들은 나병 환자들 때문에 꼭 필요한 경우에 그들을 위하여 동냥을 청할 수 있습니다. 11 그러나 금품은 극히 조심해야 합니다. 12 마찬가지로 모든 형제들은 어떤 부정不淨한 이득을 얻고자 이리저리 돌아다니지 않도록 조심할 것입니다.

제9장
동냥을 청함

1 모든 형제들은 우리 주 예수 그리스도의 겸손과 가난을 따르도록 힘쓸 것이며, "먹을 것과 입을 것이 있으면, 우리는 그것으로 만족합시다"(1티모 6,8)라고 사도가 말한 대로 온 세상의 다른 어느 것도 가져서는 안 된다는 것을 기억할 것입니다. 2 그리고 천한 사람들과 멸시받는 사람들 가운데에서, 또한 가난한 사람들과 힘없는 사람들, 병자들과 나병 환자들, 그리고 길가에서 구걸하는 사람들 가운데에서 살 때 기뻐해야 합니다. 3 그리고 필요하면 동냥하러 다닐 것입니다. 4 모든 형제들은 부끄러워하지 말고, 오히려 전능하시고 "살아 계신 하느님의 아들" 우리 주 "예수 그리스도"(요한 11,27)께서 "차돌처럼 당신 얼굴빛 변치 않으셨고"(이사 50,7) 부끄러워하지 않으셨다는 것을 기억할 것입니다. 5 또한, 주님 자신도 복되신 동정녀도 제자들도 가난하셨고 나그네이셨으며 동냥으로 사셨습니다.

6 사람들이 형제들에게 모욕을 줄 때나 동냥을 거절할 때, 그 받은 모욕 때문에 우리 주 예수 그리스도의 심판대 앞에서 큰 영예를 받게 될 것이니, 그 일에 대해 하느님께 감사를 드릴 것입니다. 7 그리고 모욕은 모욕을 받는 사람의 탓이 아니라 주는

사람의 탓이라는 점을 알아야 합니다. 8 그리고 동냥은 가난한 사람들에게 돌려주어야 할 유산이며 정당한 권리이고, 우리 주 예수 그리스도께서 우리를 위하여 그것을 얻어 주셨습니다. 9 그리고 동냥을 하는 데 수고하는 형제들은 큰 보상을 받을 것이며, 동냥을 주는 이들에게 큰 보상을 얻어 누리도록 해 줍니다. 사실, 사람들이 이 세상에 남겨 두는 모든 것은 사라지지만 그들이 행한 사랑과 동냥에 대해서는 주님께로부터 상을 받을 것이기 때문입니다.

10 그리고 각자는 자신이 필요한 것을 남에게 거리낌 없이 드러내어, 그가 자신에게 필요한 것을 찾아서 줄 수 있도록 할 것입니다. 11 그리고 마치 어머니가 자기 자녀를 사랑하고 기르듯이 (참조: 1테살 2,7), 각자는 하느님께서 자신에게 베풀어 주시는 은총에 따라 자기 형제를 사랑하고 기를 것입니다. 12 그리고 "먹는 사람은 먹지 않는 사람을 업신여겨서는 안 되고, 먹지 않는 사람은 먹는 사람을 심판해서는 안 됩니다"(로마 14,3).

13 그리고 "사제들이 아니면 아무도 먹을 수 없었던"(마르 2,26) "제사 빵을 먹은"(마태 12,4) 다윗에 대해 주님께서 말씀하신 대로, 모든 형제들은 어디에 있든지 간에 필요성이 생길 때마다 사람이 먹을 수 있는 음식은 다 먹어도 됩니다. 14 그리고 주님께서 하시는 말씀을 기억할 것입니다. "너희는 스스로 조심하여, 방탕

과 만취와 일상의 근심으로 너희 마음이 물러지는 일이 없도록 하여라. 15 그리고 그 날이 너희를 덫처럼 갑자기 넘치지 않게 하여라. 그 날은 온 땅 위에 사는 모든 사람에게 들이닥칠 것이다"(루카 21,34-35). 16 마찬가지로 분명한 필요성이 있을 때에는 주님께서 형제들에게 베풀어 주시는 은총에 따라, "필요성 앞에는 법이 없기" 때문에, 모든 형제들은 필요한 것을 쓸 수 있습니다.

제10장
앓는 형제들에 대하여

1 만일, 형제들 가운데 누군가가 병이 나면 그 형제가 어디에 있든지 다른 형제들은 그를 버려두지 말고, 오히려 자신들이 봉사받기를 원하는 것과 마찬가지로(참조: 마태 7,12) 그에게 봉사할 형제 한 사람 또는 필요하면 여러 형제들을 정할 것입니다. 2 그러나 부득이한 경우, 그 앓는 형제를 다른 사람에게 맡겨 그 형제를 잘 보살펴 주도록 할 것입니다. 3 그리고 나는 앓는 형제에게 부탁합니다. 모든 일에 대해서 창조주께 감사를 드리십시오. 건강하든 병약하든 건강에 있어서는 주님께서 원하시는 대로 되기를 바라십시오. 왜냐하면 "내가 사랑하는 사람들을 나는" 책

망도 하고 "징계도 한다"(묵시 3,19)고 주님께서 말씀하시듯이 하느님께서는 "영원한 생명을 얻도록 정해진"(사도 13,48) 모든 사람을 채찍과 병고의 자극제와 통회의 정신으로 가르치시기 때문입니다. 4 그러나 만일 누가 하느님이나 형제들에게 흥분하거나 화를 내고 혹은 영혼의 원수이며 곧 죽을 육신의 건강이 회복되기를 너무 갈망한 나머지 조바심에서 지나치게 약을 요구한다면, 이는 악에서 나오는 것이며 육적인 것입니다. 그 사람은 영혼보다 육신을 더 많이 사랑하기에 형제다운 사람이 못 됩니다.

제11장
형제들은 모욕하거나
헐뜯지 말고 서로 사랑할 것입니다

1 그리고 모든 형제들은 누군가를 중상하거나 논쟁을 벌이지 않도록(참조: 2티모 2,14) 조심하고, 2 오히려 주님께서 형제들에게 은총을 주실 때마다 침묵을 지키도록 힘쓸 것입니다. 3 형제들끼리 혹은 다른 사람들과 말다툼하지 말 것이며, 오히려 "저는 쓸모없는 종입니다"(루카 17,10) 하고 겸손하게 대답하도록 할 것입니다. 4 그리고 "자기 형제에게 성을 내는 자는 누구나 재판에 넘겨지며, 자기 형제에게 '바보!'라고 하는 자는 최고 의회에

넘겨지고, '멍청이!'라고 하는 자는 불붙는 지옥에 넘겨질 것이니"(마태 5,22) 성을 내지 말 것입니다. 5 그리고 "이것이 나의 계명이다. 내가 너희를 사랑한 것처럼 너희도 서로 사랑하여라"(요한 15,12) 하고 주님께서 말씀하신 대로 서로 사랑할 것입니다. 6 그리고 "우리는 말과 혀로 사랑하지 말고 행동으로 진리 안에서 사랑합시다"(1요한 3,18)라고 사도가 말하듯이 서로 간에 지니고 있는 사랑을 행동으로 보여 줄 것입니다(참조: 야고 2,18). 7 그리고 "남을 중상하지 말 것입니다"(티토 3,2). 8 "중상꾼과 험담꾼은 하느님의 미움을 삽니다"(로마 1,29-30)라고 적혀 있으니, 불평하거나 남을 헐뜯지 말 것입니다.

9 그리고 "모든 사람을 언제나 온유하게 대하면서"(티토 3,2) 온순해야 합니다. 10 판단하지 말고, 단죄하지 말 것입니다. 11 그리고 주님께서 말씀하시는 대로, 다른 사람들의 미미한 죄들을 생각하지 말고(참조: 마태 7,3; 루카 6,41), 12 오히려 "쓰라린 마음으로"(이사 38,15) 자기 자신의 더 큰 죄를 돌이켜 볼 것입니다. 13 그리고 "생명으로 이끄는 문은 얼마나 좁고 또 그 길은 얼마나 비좁은지, 그리로 찾아드는 이들이 적다"(마태 7,14) 하고 주님께서 말씀하시므로 "좁은 문으로 들어가는 것을"(루카 13,24) 흡족해하십시오.

제12장
불순한 시선과 여자들과의 잦은 만남에 대하여

1 모든 형제들은 어디에 있든지 어디에 가든지 여자들에 대한 불순한 시선과 잦은 만남을 스스로 조심할 것입니다. 2 그리고 아무도 혼자서 여자들과 상의하지 말 것입니다. 3 사제들은 고해성사를 주거나 영적 조언을 할 때 그들과 정숙하게 이야기할 것입니다. 4 그리고 어떤 형제든지 절대로 어느 여자를 순종에로 받아들이지 말 것이며, 영적 조언을 한 후에 그 여자가 원하는 곳에서 회개 생활을 하도록 해 줄 것입니다. 5 그리고 우리 모두 우리 자신을 힘써 지키고 우리의 모든 지체를 깨끗하게 보존합시다. 주님께서 말씀하십니다. "음욕을 품고 여자를 바라보는 자는 누구나 이미 마음으로 그 여자와 간음한 것이다"(마태 5,28).

제13장
간음을 피할 것입니다

1 형제들 가운데 누군가가 마귀의 충동으로 간음을 범했다

면, 자기의 더러운 죄로 인해서 입을 자격을 잃어버린 수도복을 완전히 벗어야 하고, 그는 우리 수도회에서 완전히 제명되어야 할 것입니다. 2 그런 후에 그는 죄에 대한 보속을 해야 할 것입니다(참조: 1코린 5,4-5).

제14장
형제들이 세상을 어떻게 다녀야 할 것인가

1 형제들은 세상을 두루 다닐 때, "여행을" 위해 "아무것도"(루카 9,3), "여행 보따리도 돈주머니도"(루카 10,4) "빵도 돈도"(루카 9,3) "지팡이도"(마태 10,10) 지니지 말 것입니다. 2 그리고 "어느 집에 들어가든지 먼저 '이 집에 평화를 빕니다' 하고 말할 것입니다"(루카 10,5). 3 그리고 "같은 집에 머무르면서 주는 것을 먹고 마시십시오"(루카 10,7). 4 "악인에게 맞서지 말 것이며"(마태 5,39), 오히려 "뺨을 때리는 자에게 다른 뺨을 내밀 것입니다"(마태 5,39; 루카 6,29). 5 그리고 "겉옷을 가져가는 자가 속옷마저 가져가는 것을"(루카 6,29) 막지 말 것입니다. 6 "달라고 하면 누구에게나 주고", 자기 것을 "가져가는 이에게서" 그것을 "되찾으려고 하지 말 것입니다"(루카 6,30).

제15장
형제들은 말을 타지 말 것입니다

1 나는 성직형제들이든 평형제들이든 나의 모든 형제들에게 명합니다. 세상을 돌아다니거나 아니면 어느 거처에 머물거나 간에, 형제들의 집에서든 다른 사람의 집에서든 어떤 방식으로도 절대로 어떤 종류의 짐승도 갖지 마십시오. 2 그리고 아프거나 꼭 필요한 경우가 아니면 말을 타지 말 것입니다.

제16장
사라센인들과 다른 비신자들 가운데로 가는 형제들

1 주님께서 말씀하십니다. "나는 이제 양들을 이리 떼 가운데로 보내는 것처럼 너희를 보낸다. 2 그러므로 뱀처럼 슬기롭고 비둘기처럼 순박하게 되어라"(마태 10,16). 3 그러므로 하느님의 영감을 받아 사라센인들과 다른 비신자들 가운데로 가기를 원하는 형제는 누구나 자기 봉사자요 종의 허락을 받고 나서 갈 것입니다. 4 그리고 봉사자는 그들이 파견에 적합하다고 생각되면, 그들에게 허락을 해 줄 것이며 반대하지 말 것입니다. 사

실, 봉사자가 이 일에 있어서나 다른 일들에 있어서 분별없이 일들을 처리한다면 주님께 이를 셈 바쳐야 할 것입니다(참조: 루카 16,2). 5 그리고 파견되는 형제들은 그들 가운데서 두 가지 방법으로 영적으로 지낼 수 있습니다. 6 한 가지 방법은 말다툼이나 논쟁을 하지 않고 "하느님 때문에 모든 인간 피조물에게"(1베드 2,13) 아랫사람이 되고 자신들이 그리스도인임을 고백하는 일입니다. 7 다른 방법은 하느님을 기쁘게 해 드리는 일이라고 볼 때에 하느님의 말씀을 전하여, 그들로 하여금 성부와 성자와 성령이시고 만물의 창조주이신 전능하신 하느님과 구세주요 구원자이신 아드님을 믿도록 하여, 그들이 세례를 받아 그리스도인이 되도록 하는 일입니다. "누구든지 물과 성령으로 태어나지 않으면 하느님 나라에 들어갈 수 없기"(요한 3,5) 때문입니다.

8 주 하느님을 기쁘게 해 드리는 이런 것들과 다른 것들을 그들과 다른 이들에게 말할 수 있습니다. 주님께서 복음에서 이렇게 말씀하시기 때문입니다. "누구든지 사람들 앞에서 나를 안다고 증언하면 나도 하늘에 계신 내 아버지 앞에서 그를 안다고 증언할 것이다"(마태 10,32). 9 또, "누구든지 나와 내 말을 부끄럽게 여기면 사람의 아들도 자기의 영광과 아버지와 거룩한 천사들의 영광에 싸여 올 때에 그를 부끄럽게 여길 것이다"(루카 9,26).

10 그리고 모든 형제들은, 어디에 있든지, 우리 주 예수 그리

스도께 자기 자신을 봉헌했고 자신의 몸을 내맡겼다는 것을 기억할 것입니다. 11 또한, 그분의 사랑을 위하여 볼 수 있거나 볼 수 없는 원수들에게도 자기 자신을 내놓아야 합니다. 주님께서 이렇게 말씀하시기 때문입니다. "나 때문에 자기 목숨을 잃는 그 사람은 영원한 생명으로"(마태 25,46) 그것을 "구할 것이다"(루카 9,24). 12 "행복하여라. 의로움 때문에 박해를 받는 사람들! 하늘 나라가 그들의 것이다"(마태 5,10). 13 "사람들이 나를 박해하였으면 너희도 박해할 것이다"(요한 15,20). 14 "어떤 고을에서 너희를" 박해하거든 "다른 고을로 피하여라"(마태 10,23). 15 "사람들이 너희를 미워하고"(루카 6,22) "너희를 비난하고"(마태 5,11) 너희를 박해하고 "너희를 갈라지게 하고 모욕하고 너희 이름을 중상하면"(루카 6,22), 그리고 "너희를 거슬러 거짓으로 온갖 사악한 말을 하면"(마태 5,11), "너희는 행복하다!"(마태 5,11). 16 "너희가 하늘에서 받을 상이"(마태 5,12) 많기에, "그 날에 기뻐하고 뛰놀아라"(루카 6,23). 17 또, 나는 "나의 벗인 너희에게 말한다. 아무도 두려워하지 마라"(루카 12,4). 18 "육신을 죽이는 자들을 두려워하지 마라"(마태 10,28). "그들은 그 이상 아무것도 하지 못한다"(루카 12,4). 19 "불안해하지 않도록 주의하여라"(마태 24,6). 20 사실, "너희는 인내로써 생명을 얻어라"(루카 21,19). 21 또, "끝까지 견디는 이는 구원을 받을 것이다"(마태 10,22; 24,13).

제17장

설교자들

1 어떤 형제도 거룩한 교회의 규범과 규정을 어기면서, 또 자기 봉사자의 허락 없이 설교하지 말 것입니다. 2 그리고 봉사자는 아무에게나 분별없이 이를 허락하지 않도록 조심할 것입니다. 3 오히려 모든 형제들은 행동으로 설교할 것입니다. 4 그리고 어떤 봉사자나 설교자도 봉사 직분이나 설교의 직책을 자기의 것으로 소유하지 말 것이며, 오히려 어느 때라도 명령을 받았으면 어떤 이의도 제기하지 말고 자기의 직책을 그만둘 것입니다.

5 그러므로 하느님이신 사랑 안에서(참조: 1요한 4,8.16) 성직형제들이든 평형제들이든 나의 모든 형제들, 즉 설교하는 형제들, 기도하는 형제들, 노동하는 형제들에게 간청합니다. 매사에 자기 자신을 낮추도록 노력하고, 6 어떤 때 하느님께서 여러분 안에서 그리고 여러분을 통해서 행하시거나 말씀하시고 이루시는 좋은 말과 일에 대해서, 더 나아가 어떤 선에 대해서도 자랑하지 말고, 스스로 기뻐하지 말며, 마음속으로 자기 자신을 높이지 않도록 하십시오. 주님께서 말씀하시는 대로, "영靈들이 복종하는 것을 기뻐하지 마십시오"(루카 10,20). 7 그리고 우리의 것이

라고는 악습과 죄밖에는 아무것도 없다는 사실을 우리는 확실히 알고 있어야 합니다. 8 오히려 "갖가지 시련을 당할 때"(야고 1,2)와, 영원한 생명을 얻기 위하여 이 세상에서 영혼이나 육신의 온갖 괴로움이나 고생을 견딜 때 우리는 더 기뻐해야 합니다.

9 그러므로 형제들이여, 우리 모두 온갖 교만과 헛된 영광을 조심합시다. 10 그리고 이 세상의 지혜와 "육肉의 관심사에서"(로마 8,6-7) 우리 자신을 지킵시다. 11 실상, 육의 영靈은 말마디만을 소유하기를 무척 원하고 애를 쓰지만, 실천을 하는 데에는 그렇지 않습니다. 12 그리고 영이 내적인 신앙심과 성녁聖德을 추구하지 않고 사람들에게 겉으로 드러나는 신앙심과 성덕을 원하고 열망합니다. 13 주님께서 바로 이런 사람들을 두고 말씀하십니다. "내가 진실로 너희에게 말한다. 이들은 자기들이 받을 상을 이미 받았다"(마태 6,2). 14 이와 반대로 주님의 영은 육이 혹독한 단련과 모욕을 당하기를 원하며, 천한 것으로 여겨지고 멸시받고 수치당하기를 원합니다. 15 그리고 겸손과 인내, 그리고 순수하고 단순하며 참된, 영의 평화를 얻도록 힘씁니다. 16 그리고 무엇보다도 항상 성부와 성자와 성령의 신성한 두려움과 신성한 지혜와 신성한 사랑을 얻기를 갈망합니다.

17 그리고 우리는 지극히 높으시고 지존하신 주 하느님께 모든 좋은 것을 돌려드리고, 모든 좋은 것이 바로 그분의 것임을

깨달으며, 모든 선에 대해 그분께 감사드립시다. 모든 선이 그분에게서 흘러나옵니다. 18 그리고 모든 선의 주인이시며 홀로 선하신, 지극히 높으시고 지존하시며 홀로 참되신 하느님께서 모든 영예와 존경과 모든 찬미와 찬송과 모든 감사와 모든 영광을 지니시고, 또한 돌려받으시며, 받으시기를 빕니다(참조: 루카 18,19).

19 그리고 누가 하느님께 대해 악한 말을 하거나 악한 짓을 하거나 그분을 모독하는 것을 보거나 들을 때, 우리들은 좋은 말을 하고 좋은 일을 행하며 "영원히 찬미받으실"(로마 1,25) 하느님을 찬양합시다(참조: 로마 12,21).

제18장

봉사자들의 모임

1 각 봉사자는 하느님에 관한 일을 다루기 위해 자기 형제들과 같이 매년 성 미카엘 대천사 축일에 그들이 원하는 곳에서 함께 모일 수 있습니다. 2 그리고 전 형제회의 봉사자요 종이 달리 결정하지 않는 한, 바다 건너 지방과 산맥 너머 지방의 모든 봉사자들은 삼 년에 한 번, 다른 봉사자들은 일 년에 한 번, 포르치운쿨라 성 마리아 성당에서 열리는 성령 강림 총회에 모일 것입니다.

제19장

형제들은 가톨릭 신자답게 생활할 것입니다

  1 모든 형제들은 가톨릭 신자여야 하고, 가톨릭 신자답게 생활하고 말해야 합니다. 2 만일, 어떤 형제가 말이나 행동에 있어서 가톨릭 신앙과 생활에서 벗어나 있는데도, 이를 고치려 하지 않는다면 그는 우리 형제회에서 완전히 쫓겨나야 합니다. 3 그리고 우리는 영혼의 구원에 관한 일들과 우리 수도회의 정신에 벗어나지 않는 일들에 있어서 모든 성직자들과 모든 수도자들을 주인으로 모시고, 주님 안에서 그들의 성품聖品과 직책과 봉사 직분을 존중하도록 합시다.

제20장

고해성사, 그리고
우리 주 예수 그리스도의 몸과 피를 받아 모심

  1 축복받은 나의 형제들은 성직형제들이든 평형제들이든 우리 수도회의 사제들에게 자기 죄를 고백할 것입니다. 2 그리고 이것이 불가능할 때에는 다른 사려 깊은 가톨릭 사제들에게 고백할 것이니, 어느 가톨릭 사제들로부터 보속과 사죄를 받고 나

서, 자신에게 주어진 보속을 겸손하고 성실하게 실행한다면, 의심할 여지 없이 그 죄를 용서받는다는 사실을 확실히 알고 명심해야 합니다. 3 그런데 사제를 찾지 못할 상황이면 "서로 죄를 고백하십시오"(야고 5,16)라고 야고보 사도가 말한 대로 자기 형제에게 고백할 것입니다. 4 그러나 사제들만이 죄를 묶고 푸는 권한을 갖고 있으므로 이러한 이유로 형제들은 사제들에게 달려가야 함을 잊어서는 안 됩니다. 5 그리고 이렇게 뉘우치고 고백하고 나서, 주님께서 하신 다음 말씀들을 기억하면서 크나큰 겸손과 공경으로 우리 주 예수 그리스도의 몸과 피를 받아 모실 것입니다. "내 살을 먹고 내 피를 마시는 사람은 영원한 생명을 얻을 것이다"(요한 6,55). 6 또, "나를 기억하여 이를 행하여라"(루카 22,19).

제21장

모든 형제들이 할 수 있는 찬미와 권고

1 그리고 나의 모든 형제들은 좋다고 생각될 때마다 하느님의 축복을 받아 다음과 같이 혹은 다음과 비슷하게 권고와 찬미를 누구에게나 전할 수 있습니다. 2 여러분은 만물의 창조주이시고 성부와 성자와 성령이시며 삼위와 일체이신 전능하신

주 하느님을 경외하고 공경하며 찬미하고 찬양하며 감사드리고(참조: 1테살 5,18) 흠숭하십시오. 3 [여러분은] 우리가 곧 죽는다는 사실을 알고 있기에 "회개하고"(마태 3,2) "회개에 합당한 열매를 맺으십시오"(루카 3,8). 4 "주십시오. 그러면 받을 것입니다"(루카 6,38). 5 "용서하십시오"(루카 6,37). 그러면 여러분도 용서받을 것입니다. 6 그리고 "여러분이 용서하지 않으면", 주님께서도 "여러분의 허물을 용서하지"(마르 11,26) 않으실 것입니다. "여러분의" 모든 "죄를 고백하십시오"(야고 5,16). 7 회개하고 죽는 이들은 하늘 나라에 들어갈 것이니 복됩니다(참조: 묵시 14,13). 8 회개하지 않고 죽는 이들은 불행합니다, 악마가 한 일을 따라 하여(참조: 요한 8,41) "악마의 자녀"(1요한 3,10)가 되고 "영원한 불 속으로"(마태 18,8; 25,41) 갈 것이니! 9 여러분은 온갖 악을 경계하고 멀리하며 끝날까지 선에 항구하십시오.

제22장
형제들에게 주는 권고

1 모든 형제들이여, 우리는 "원수를 사랑하고 너희를 미워하는 자들에게 잘해 주어라"(마태 5,44) 하신 주님의 말씀에 귀를 기

울입시다. 2 우리가 발자취를 따라야 할(참조: 1베드 2,21) 우리 주 예수 그리스도께서 당신을 넘겨준 사람을 벗이라 부르시고(참조: 마태 26,50) 또한 당신을 십자가에 못 박은 사람들에게 기꺼이 자신을 내주셨기 때문입니다. 3 그러므로 우리에게 부당하게 번민과 괴로움, 부끄러움과 모욕, 고통과 학대, 순교와 죽음을 당하게 하는 모든 이들이 바로 우리의 벗들입니다. 4 그들이 우리에게 끼치는 그것들로 말미암아 우리들은 영원한 생명을 누릴 것이기에 우리는 그들을 극진히 사랑해야 합니다.

5 그리고 육체는 육적으로 삶으로써 우리를 주 예수 그리스도의 사랑과 영원한 생명에서 떼어 놓기를 원하고, 또한 모든 이와 함께 자신이 지옥에 떨어져 망하기를 원하고 있으므로, 우리는 우리의 육체를 그 악습과 죄와 함께 미워해야 합니다. 6 우리는 우리의 탓으로 말미암아 악취를 풍기며 비참하게 되고 선善을 거스르며, 악惡에 기울고 악을 범하려 하기 때문입니다. 주님께서 복음에서 말씀하시듯이, 7 "나쁜 생각들, 간음, 불륜, 살인, 도둑질, 탐욕, 악의, 사기, 방탕, 시기", 거짓 증언, "욕설, 교만, 어리석음이 사람의 마음에서 나오고"(마르 7,21-22; 마태 15,19) 또 나가기 때문입니다. 8 "이런 악한 것들은 모두"(마르 7,23) 인간의 마음 안에서 나오고 또한 "이런 것들이 사람을 더럽힙니다"(마태 15,20).

9 그런데 세속을 떠난 우리에게는 이제 힘써 주님의 뜻을 따르고 그분을 기쁘게 해 드리는 일밖에 다른 할 일이 없습니다. 10 주님께서 복음에서 말씀하시는 대로, 우리는 길가나 돌밭이나 가시덤불로 된 땅이 되지 않도록 온갖 주의를 다합시다. 11 "씨는 하느님의 말씀입니다"(루카 8,11). 12 그런데 "길가에 떨어져 발에 짓밟혔다는 것은"(루카 8,5) "하느님 나라에 관한 말씀을 듣기는 하지만" 깨닫지 "못하는 사람들을 두고 하는 말입니다"(마태 13,19; 루카 8,12). 13 그리고 "그들이 믿어서 구원받지 못하도록"(루카 8,12), "곧바로"(마르 4,15) "악마가 와서"(루카 8,12) "그들의 마음에 뿌려진 것들을"(마르 4,15) "잡아채"(마태 13,19) "그들의 마음에서 말씀들을 빼앗아 갑니다"(루카 8,12). 14 또, "돌밭에"(마태 13,20) 떨어졌다는 것은 "말씀을 들으면 즉시 그 말씀을 기쁘게"(마르 4,16) "받아들이기는 하지만"(루카 8,13), 15 "그 말씀 때문에 환난이나 박해가 일어나면 곧 걸려 넘어지는 사람들을 두고 하는 말입니다"(마태 13,21). 이들에게는 뿌리가 없어서 "오래 가지 못하는데"(마르 4,17), "잠시 믿다가 시련의 때가 오면 떨어져 나갑니다"(루카 8,13). 16 또, "가시덤불에 떨어졌다는 것은"(루카 8,14) "하느님의 말씀을 듣기는 하지만"(마르 4,18) "이 세상의"(마태 13,22) "걱정과"(마르 4,19) "재물의 유혹과"(마태 13,22) "그 밖의 여러 가지 욕심이 들어가 그 말씀을 질식시켜 버려 열매를 못 맺는 사람

들을 두고 하는 말입니다"(마르 4,19). 17 "그러나 좋은 땅에"(루카 8,15) "뿌려졌다는 것은"(마태 13,23) "착하고 갸륵한 마음으로 말씀을 듣고"(루카 8,15) 깨닫고(참조: 마태 13,23) "간직하여 인내로써 열매를 맺는 사람들을 두고 하는 말입니다"(루카 8,15). 18 그러므로 우리 형제들은, 주님께서 말씀하시듯이, "죽은 이들의 장사는 죽은 이들에게"(마태 8,22) 맡겨 둡시다.

19 그리고 사탄의 사악함과 교활함에 온갖 주의를 다합시다. 사탄은 인간이 자신의 정신과 마음을 주 하느님께 향하지 않기를 바라고 20 또한 주위를 배회하면서 어떤 보상이나 도움을 구실로 인간의 마음을 빼앗아 가고, 주님의 말씀과 계명들을 기억에서 질식시키기를 바랍니다. 또한, 이 세상일과 걱정에 사로잡히게 하여 인간의 마음을 눈멀게 하고 자기가 그 자리를 차지하려고 합니다. 21 주님께서 이렇게 말씀하십니다. "더러운 영이 사람에게서 나가면, 쉴 데를 찾아 물 없는 곳을 돌아다닌다"(마태 12,43). 22 "그러다가 찾지 못하면 '내가 나온 집으로 돌아가야지' 하고 말한다"(루카 11,24). 23 "그리고 가서 그 집이 비어 있을 뿐만 아니라 말끔히 치워지고 정돈되어 있는 것을 보게 된다"(마태 12,44). 24 "그러면 다시 나와, 자기보다 더 악한 영 일곱을 데리고 그 집에 들어가 자리를 잡는다. 그리하여 그 사람의 끝이 처음보다 더 나빠진다"(루카 11,26).

25 그러므로 우리 모든 형제들은 무슨 보상이나 업적이나 도움을 구실로 우리의 정신과 마음을 주님으로부터 떨어지게 하거나 빼앗기지 않도록 우리 자신을 힘써 지킵시다. 26 그러므로 하느님이신 거룩한 사랑 안에서(참조: 1요한 4,16), 나는 봉사자들뿐만 아니라 다른 모든 형제들에게 부탁합니다. 온갖 장애를 멀리하고 모든 근심 걱정을 물리쳐 할 수 있는 최선의 방법으로 무엇보다도 주 하느님께서 요구하시는 일, 즉 그분을 깨끗한 마음과 순수한 정신으로 섬기고 사랑하며 공경하고 흠숭하도록 하십시오.

27 그리고 우리는 성부와 성자와 성령이신 전능하신 주 하느님께 집과 거처를 항상 마련해 드립시다(참조: 요한 14,23). 그분께서는 이렇게 말씀하십니다. "너희는 앞으로 일어날 이 모든" 악에서 "벗어나 사람의 아들 앞에 설 수 있는 힘을 지니도록 늘 깨어 기도하여라"(루카 21,36). 28 그리고 "너희가 서서 기도할 때에"(마르 11,25) "이렇게 하여라"(루카 11,2). "하늘에 계신 우리 아버지"(마태 6,9). 29 그리고 "낙심하지 말고 끊임없이 기도해야 하기에"(루카 18,1) 우리는 그분을 깨끗한 마음으로 흠숭합시다. 30 사실, "아버지께서는 이렇게 흠숭하는 이들을 찾으십니다." 31 "하느님은 영靈이십니다. 그러므로 그분을 흠숭하는 이는 영과 진리 안에서 흠숭드려야 합니다"(요한 4,23-24).

32 그리고 우리는 우리 "영혼의 목자이시며 보호자이신 그분

께"(1베드 2,25) 달려갑시다. 그분께서는 이렇게 말씀하십니다. "나는 착한 목자이다. 나는 내 양들을 먹인다. 나는 내 양들을 위하여 내 목숨을 내놓는다"(참조: 요한 10,14ㄱ.15ㄴ). 33 "너희는 모두 형제다." 34 "또 이 세상 누구도" 너희의 "아버지라고 부르지 마라. 너희의 아버지는 오직 한 분, 하늘에 계신 그분뿐이시다." 35 "너희는 스승이라고 불리지 않도록 하여라. 너희의 스승님은" 하늘에 계신 그리스도 "한 분뿐이시기"(마태 23,8-10) 때문이다. 36 "너희가 내 안에 머무르고 내 말이 너희 안에 머무르면, 너희가 원하는 것은 무엇이든지 청하여라. 너희에게 그대로 이루어질 것이다"(요한 15,7). 37 "두 사람이나 세 사람이라도 내 이름으로 모인 곳에는 그들 가운데 나도 함께 있다"(마태 18,20). 38 "내가 세상 끝날까지 언제나"(마태 28,20) 너희와 함께 있다. 39 "내가 너희에게 한 말은 영이며 생명이다"(요한 6,63). 40 "나는 길이요 진리요 생명이다"(요한 14,6).

41 그러므로 우리는 그분의 말씀과 생애와 가르침과 그분의 거룩한 복음을 마음에 간직하도록 합시다. 그분께서는 당신 아버지께 우리를 위해 청하시고, 아버지의 이름을 우리에게 분명히 알려 주시면서 이렇게 말씀하십니다. 42 아버지, "아버지께서 저에게 주신 이 사람들에게 저는 아버지의 이름을 드러냈습니다"(요한 17,6). "아버지께서 저에게 주신 말씀을 제가 이들에게 주

고, 이들은 또 그것을 받아들였기 때문입니다. 그리하여 이들은 제가 아버지에게서 나왔다는 것을 받아들였고 참으로 알았으며, 아버지께서 저를 보내셨다는 것을 믿게 되었습니다. 43 저는 이들을 위하여 빕니다. 44 세상을 위해서가 아니라 아버지께서 저에게 주신 이들을 위하여 빕니다. 이들은 아버지의 사람들이기 때문입니다. 저의 것은 다 아버지의 것입니다"(요한 17,8-10). 45 "거룩하신 아버지, 아버지께서 저에게 주신 이름으로 이들을 지키시어, 이들도 우리처럼 하나가 되게 해 주십시오"(요한 17,11). 46 "제가 세상에 있으면서 이런 말씀을 드리는 이유는, 그들이 속으로 저의 기쁨을 충만히 누리게 하려는 것입니다. 47 저는 이들에게 아버지의 말씀을 주었는데, 세상은 이들을 미워했습니다. 제가 세상에 속하지 않은 것처럼 이들도 세상에 속하지 않기 때문입니다. 48 이들을 세상에서 데려가시라고 비는 것이 아니라, 이들을 악에서 지켜 주십사고 빕니다"(요한 17,13-15). 49 "이들을 진리 안에서 탄복할 만한 사람들이 되게 해 주십시오. 50 아버지의 말씀이 진리입니다. 51 아버지께서 저를 세상에 보내신 것처럼 저도 이들을 세상에 보냈습니다. 52 그리고 저는 이들을 위하여 저 자신을 거룩하게 합니다. 이들도 진리로 거룩해지게 하려는 것입니다. 53 저는 이들만이 아니라 이들의 말을 듣고 저를 믿는 이들을 위해서도 빕니다"(요한 17,17-20). "이는 그들이 완전히 하나가 되게 하려는 것입니다. 그리고 아버지께서 저를 보내시고, 또 저를 사랑하셨듯이 그들도 사랑하셨다는 것을 세상이 알게 하려는 것입니다"(요한 17,23). 54 그리고 "저는 그들에게 아버지의 이름을 알려 주겠습니다. 아버지께서 저를 사랑하신 그 사랑이 그들 안에 있고 저도 그들 안에 있게 하려는 것입니다"(요한 17,26). 55 "아버지, 아버지께서 저에게 주신 이들도 제가 있는 곳에 저와 함께 있게 해 주시어, 당신의 나라에서"(마태 20,21) 당신의 "영광을 그들도 볼 수 있게 하여 주십시오"(요한 17,24).

제23장

기도와 감사

1 전능하시고 지극히 거룩하시며 지극히 높으시고 지존하신 하느님, "거룩하시고" 의로우신 "아버지"(요한 17,11), "하늘과 땅의 임금이신 주님"(마태 11,25), 당신의 거룩한 뜻에 따라 그리고 당신의 외아드님을 통하여 성령과 함께 모든 영신적인 것과 육신적인 것을 창조하셨으며, "당신의 모습대로 그리고 비슷하게" 만드신 저희를 "낙원에 두셨으니"(창세 1,26; 2,15), 바로 당신 자신 때문에 당신께 감사드리나이다. 2 그런데 저희는 저희

의 탓으로 추락했나이다. 3 또한, 당신 아드님을 통하여 저희를 창조하신 것같이, 저희를 "사랑하신" 참되고 거룩한 당신 "사랑"(요한 17,26) 때문에 참 하느님이시며 참 사람이신 그분을 영화로우시고 평생 동정이신 지극히 복되시고 거룩하신 마리아에게서 태어나게 하셨으며, 또한 포로가 된 저희를 그분의 십자가와 피와 죽음을 통하여 구속하기를 원하셨으니, 당신께 감사드리나이다.

4 또한, 당신 아드님께서 친히 당신 엄위의 영광 중에 다시 오시어, 회개하지 않고 당신을 알아보지 않은 저주받은 사람들을 영원한 불 속으로 보내시고, 당신을 알아보고 흠숭하며, 회개 안에서 당신을 섬긴 모든 이들에게 "내 아버지께 복을 받은 이들아, 와서, 세상 창조 때부터 너희를 위하여 준비된 나라를 차지하여라"(마태 25,34) 하고 말씀하실 것이니, 당신께 감사드리나이다.

5 또한, 불쌍한 사람들이요 죄인들인 저희 모두는 당신 이름을 부르기조차 부당하오니, 당신의 "마음에 드시는" 당신의 "사랑하시는 아드님"(마태 17,5) 우리 주 예수 그리스도께서 보호자 성령과 하나 되어, 당신과 그분의 마음에 드시는 대로, 모든 것에 대해 당신께 감사드리시기를 간절히 청하나이다. 그분은 모든 것에서 늘 당신을 흡족하게 하셨고, 그분을 통해서 당신께서

는 우리에게 많은 것을 이루어 주셨나이다. 알렐루야.

6 또한, 영화로우신 어머니이시며 지극히 복되신 평생 동정 마리아와 복된 미카엘, 가브리엘, 라파엘, 그리고 복된 영들과 복된 세라핌과 케루빔과 왕권과 주권과 권세와 권력과(참조: 콜로 1,15) 천신들과 천사들과 대천사들의 모든 합창대들, 그리고 복된 세례자 요한과 요한복음 저자, 베드로, 바오로, 그리고 복된 성조들, 예언자들, 무죄한 어린이들, 사도들, 복음 저자들, 제자들, 순교자들, 증거자들, 동정녀들, 복된 엘리야와 에녹, 그리고 과거에 계셨던 성인들, 앞으로 계실 성인들, 지금 계시는 성인들 모두가 당신이 가장 사랑하시는 아드님 우리 주 예수 그리스도와 보호자 성령과 함께, 지존하시고 진실하시며 영원하시고 살아 계시는 하느님 당신께, 당신 마음에 드시는 대로, 저희 대신 이 모든 것에 대해 "세세 영원히" 감사드려 주기를 당신 사랑 때문에 저희는 겸손히 청하나이다. "아멘. 알렐루야"(묵시 19,3-4).

7 또한, 가톨릭적이고 사도적인 거룩한 교회 안에서 주 하느님을 섬기기를 원하는 모든 사람, 교회에서 품을 받은 모든 이들, 곧 사제들, 부제들, 차부제들, 시종들, 구마자들, 독서자들, 수문자들과 모든 성직자들 그리고 모든 남녀 수도자들, 모든 소년들, 모든 어린이들, 가난한 이들과 빈궁한 이들, 왕들과 왕자들, 노동자들과 농부들, 종들과 주인들, 모든 동정녀들, 금욕하

는 여인들과 부인들, 평신도들과 남성들과 여성들, 모든 유아들, 청소년들, 청년들과 노인들, 건강한 이들과 아픈 이들, 모든 왜소한 이들과 건장한 이들, 모든 민족과 종족과 백성과 언어권에서 나온 이들(참조: 묵시 7,9), 세상 어디서나 현재 있고 앞으로 있을 모든 국가와 모든 사람에게, 다른 방법으로는 아무도 구원될 수 없기에, 저희 모두가 참된 신앙과 회개에 항구하기를, "쓸모없는 종들인"(루카 17,10) 저희 모든 작은 형제들이 겸손히 부탁하고 간청하나이다.

8 우리 모두에게 온 몸과 온 마음과 온 생명을 주셨고 지금도 주시는 주 하느님을, 우리를 창조하셨으며 속량하셨고 오직 당신 자비로써 구원하실 주 하느님을, 불쌍하고 비참하며 썩었고 악취가 나고 배은망덕하고 악한 우리에게 모든 좋은 것을 다 주셨고 지금도 주시는 주 하느님을(참조: 토빗 13,5), "마음을 다하고 목숨을 다하고 정신을 다하고 힘과 용맹을 다하고"(마르 12,30; 12,33) "생각을 다하고"(루카 10,27) 모든 기운과 온갖 노력과 온갖 정열과 온갖 애와 온갖 욕망과 뜻을 다하여, 우리 모두가 사랑하도록 합시다.

9 그러므로 우리는 충만한 선, 모든 선, 완전한 선, 참되시고 으뜸선이신 우리 창조주이시고 구세주이시고 구원자이시며 홀로 진실하신 하느님 외에는 다른 아무것도, 홀로 선하시고(참조:

루카 18,19) 홀로 자비로우시고 홀로 양순하시고 홀로 부드러우시며 홀로 감미로우신 하느님 외에는 다른 아무것도, 홀로 거룩하시고 홀로 정의로우시고 홀로 진실하시며 홀로 올바르신 하느님 외에는 다른 아무것도, 홀로 인자하시고 홀로 무죄하시고 홀로 순수하신 하느님 외에는 다른 아무것도, 하늘에서 함께 기뻐하고 회개하는 모든 이들과 의로운 모든 이들과 복된 모든 이들의 모든 용서와 모든 은총과 모든 영광이 그분으로 말미암아 있고 그분을 통하여 있으며 그분 안에 있는(참조: 로마 11,36) 하느님 외에는 다른 아무것도 우리는 원하지도 말고 바라지도 말며, 다른 아무것도 마음에 들어 하지도 즐거워하지도 맙시다.

10 그러므로 아무것도 우리를 방해하지 못하고, 아무것도 우리를 하느님과 떼어 놓지 못하고, 아무것도 우리를 가로막지 못하기를! 11 우리 모두는 모든 곳에서, 모든 시간과 모든 때에, 날마다 그리고 계속해서, 지극히 높으시고 지존하시고 영원하신 하느님을, 삼위이시고 일체이신 성부와 성자와 성령을, 만물의 창조자이시고 그분을 믿고 희망하고 사랑하는 이의 구원자를 진실하고 겸손히 믿고, 마음에 모시고, 사랑하고, 공경하고, 흠숭하고, 섬기고, 찬미하고 찬양하며, 영광을 드리고, 드높이고, 찬송하고 감사드립시다. 그분은 시작도 없고 마침도 없이 변함없으신 분, 바라볼 수 없는 분, 형언할 수 없는 분, 이루 말로 다

할 수 없는 분, 이루 다 알 수 없는 분, 헤아릴 수 없는 분(참조: 로마 11,33), 칭송과 찬미와 영광과 드높은 찬양을 받으실 분(참조: 다니 3,52), 지존하신 분, 높으신 분, 감미로우신 분, 사랑할 만한 분, 좋아할 만한 분, 온전히 모든 것에 앞서 세세 영원히 바랄 만한 분이시나이다. 아멘.

제24장
맺는말

1 주님의 이름으로! 나는 모든 형제들에게 청합니다. 형제들은 우리의 영혼을 구하기 위하여 이 생활 안에 적혀 있는 모든 것들의 내용과 의미를 배우고 또한 자주 이것을 상기하도록 하십시오. 2 그리고 우리의 영혼을 구하기 위하여 여기에 적은 것을 가르치고 배우고 간직하고 기억하고 실천하는 사람들에게, 그들이 이것들을 매일 되풀이하여 말하고 행동으로 옮길 때마다, 전능하시고 삼위이시며 일체이신 하느님께서 친히 축복해 주시기를 빌며, 3 이것을 극진히 사랑하고 보관하고 보존할 것을 모든 이의 발에 입 맞추며 간청합니다. 4 그리고 전능하신 하느님과 교황님의 이름으로 또한 나 프란치스코 형제는 순종

으로 단호히 명하며 여러분에게 의무를 부과합니다. 아무도 이 생활 안에 적혀 있는 것 중에서 무엇을 삭제하거나 무엇을 덧붙이지 말 것이며(참조: 신명 4,2; 12,32), 또한 형제들은 다른 수도규칙을 갖지 마십시오.

5 영광이 성부와 성자와 성령께, 처음과 같이 이제와 항상 영원히. 아멘.

인준받은 수도규칙

[1 하느님의 종들의 종인 호노리오 주교는 사랑하는 아들들인 프란치스코 형제와 작은형제회의 다른 모든 형제들에게 인사하며 사도적 축복을 내립니다. 2 사도좌가 청원인들의 경건한 청원을 승인하고 진실한 원의에 너그러운 호의를 베푸는 것은 관례입니다. 3 그러므로 주님 안에 사랑하는 아들들, 우리는 여러분의 경건한 간청에 귀를 기울여, 우리의 선임 교황인 인노첸시오께서 인준하셨고 여기에 실려 있는 귀 회의 수도규칙을 사도적 권한으로 여러분에게 확인해 드리며, 이 칙서勅書의 보호 아래 인증認證하는 바입니다. 이는 다음과 같습니다.]

제1장
주님의 이름으로!
작은 형제들의 생활이 시작됩니다

1 작은 형제들의 수도규칙과 생활은 이러합니다. 즉, 순종 안에, 소유 없이, 정결 안에 살면서 우리 주 예수 그리스도의 거룩

한 복음을 실행하는 것입니다. 2 프란치스코 형제는 호노리오 교황님과, 교회법에 따라 선출되는 그의 후계자들과 로마 교회에 순종과 존경을 약속합니다. 3 그리고 다른 형제들은 프란치스코 형제와 그 후계자들에게 순종할 의무가 있습니다.

제2장

이 생활을 받아들이려고 하는 이들,
그리고 이들을 어떻게 받아들일 것인가

1 누군가가 이 생활을 받아들이려고 우리 형제들을 찾아오면, 다른 형제들이 아니라 오직 관구봉사자들에게만 그들을 받아들일 권한이 있기 때문에, 형제들은 그들을 관구봉사자들에게 보낼 것입니다. 2 그리고 봉사자들은 가톨릭 신앙과 교회의 성사들에 관하여 그들을 면밀히 시험할 것입니다. 3 그리고 그들이 이 모든 것을 믿고 충실히 고백하며 끝날까지 굳게 지키기를 원하면, 4 그리고 아내가 없거나, 있을 경우에는 아내가 이미 수녀원에 들어갔거나, 아내가 이미 정결 서원을 발한 후 교구 주교의 권한으로 주교가 그에게 허락을 주었거나, 그 아내가 의심받을 수 없는 나이면 5 그 때에 봉사자들은 가서 너희의 모든 것을 다 팔아 가난한 사람들에게 나누어 주도록(참조: 마태 19,21) 힘쓰

라고 하신 거룩한 복음의 말씀을 이야기해 줄 것입니다. 6 만일, 이렇게 할 수 없으면 좋은 뜻만으로도 넉넉합니다. 7 그리고 주님께서 그들에게 영감을 주시는 대로 그들이 자기 재산을 자유롭게 처분할 수 있도록 형제들과 봉사자들은 그들의 재산에 대해 관여하지 않도록 조심할 것입니다. 8 그러나 의견이 요청되면, 봉사자들은 하느님을 경외하는 사람들에게 그들을 보낼 수 있고, 하느님을 경외하는 사람들의 조언으로 그들이 자기 재산을 가난한 사람들에게 나누어 주도록 할 것입니다. 9 그 후 봉사자들은 시련복, 즉 모자 없는 수도복 두 벌과 띠와 속바지와 허리띠까지 내려오는 겉옷을 줄 것입니다. 10 그러나 봉사자들은 어떤 때 하느님의 뜻에 맞다고 생각되면 달리할 수도 있습니다. 11 그리고 그들은 시련기 일 년을 마친 후, 이 생활과 수도 규칙을 항상 지키기로 서약함으로써 순종에로 받아들여집니다. 12 그리고 교황님의 명에 따라 이 수도회에서 절대로 나갈 수 없습니다. 13 이는 거룩한 복음을 따라 "쟁기에 손을 대고 뒤를 돌아보는 자는 하느님 나라에 합당하지 않기"(루카 9,62) 때문입니다. 14 그리고 이미 순종을 서약한 이들은 모자 있는 수도복 한 벌을 가질 것이며, 원하면 모자 없는 수도복 한 벌을 더 가질 수 있습니다. 15 그리고 어쩔 수 없는 이들은 신발을 신을 수 있습니다. 16 그리고 모든 형제들은 값싼 옷을 입을 것이며, 또한 하느님의 축복을 받아 그 옷을 거친 천이나 다른 헝겊으로 기워 입을 수 있습니다. 17 나는 형제들에게 권고하며 충고합니다. 부드럽고 화려한 옷을 입은 사람이나 맛 좋은 음식을 먹고 마시는 사람들을 볼 때, 그들을 멸시하거나 판단하지 말고 오히려 각자 자기 자신을 판단하고 멸시하십시오.

제3장
성무일도와 단식재,
그리고 형제들이 세상을 어떻게 다닐 것인가

1 성직형제들은 시편을 제외하고는 거룩한 로마 교회의 예식에 따라 성무일도를 바칠 것입니다. 2 따라서 성무일도서를 가질 수 있습니다. 3 그리고 평형제들은 밤기도로 "주님의 기도" 스물네 번, 아침기도로 다섯 번, 일시경, 삼시경, 육시경, 구시경으로 각 일곱 번, 저녁기도로 열두 번, 끝기도로 일곱 번을 바칠 것입니다. 4 그리고 죽은 이들을 위하여 기도할 것입니다. 5 그리고 모든 성인들의 축일부터 주님의 성탄 축일까지 단식할 것입니다. 6 한편, 주님의 공현 축일부터 시작하여 사십 일 간 지속되는 기간, 즉 주님께서 당신의 거룩한 단식으로 축성하신(참조: 마태 4,2) 그 거룩한 사순절에 자발적으로 단식하는 사람은 주

님의 축복을 받을 것입니다. 원하지 않는 사람은 지킬 의무가 없습니다. 7 그러나 주님의 부활 축일 전까지의 다른 사순절에는 단식할 것입니다. 8 이외에 금요일을 제외한 다른 때에는 단식할 의무가 없습니다. 9 그리고 꼭 필요한 경우에, 형제들은 육신의 단식을 할 의무가 없습니다. 10 또한, 나는 주 예수 그리스도 안에서 나의 형제들에게 조언하고 권고하며 충고합니다. 세상을 두루 다닐 때, 형제들은 남과 다투거나 언쟁을 벌이거나 남을 판단하지 말고(참조: 2티모 2,14), 11 오히려 마땅히 모든 이에게 정직하게 말을 하면서 온유하고 평화롭고 단정하고 양순하고 겸허해야 합니다. 12 그리고 형제들은 꼭 필요한 경우나 아픈 경우가 아니면 말을 타서는 안 됩니다. 13 "어느 집에 들어가든지 먼저 '이 집에 평화를 빕니다' 하고 말할 것입니다"(루카 10,5). 그리고 거룩한 복음에 따라, 차려 주는 모든 음식은 먹어도 됩니다(참조: 루카 10,8).

제4장

형제들은 금품을 받지 말 것입니다

1 나는 모든 형제들에게 단호히 명합니다. 형제들은 직접적

으로나 다른 사람을 통해서나 절대로 돈이나 금품을 받지 마십시오. 2 오직 봉사자와 보호자들만이 장소와 계절 그리고 추운 지방에 따라 필요하다고 판단되면 앓는 형제들에게 필요한 것과 다른 형제들의 옷가지를 위해서 영신의 친구들을 통하여 특별한 배려를 할 것입니다. 3 그러나 위에서 말한 대로 돈이나 금품은 받지 말 것을 늘 명심할 것입니다.

제5장

일하는 자세

1 주님께서 일하는 은총을 주신 형제들은 충실하고 헌신적으로 일할 것입니다. 2 이렇게 함으로써 영혼의 원수인 한가함을 쫓아내는 동시에 거룩한 기도와 헌신의 영을 끄지(참조: 1테살 5,19) 않도록 할 것입니다. 현세의 다른 모든 것들은 이 영에 이바지해야 합니다. 3 그리고 일의 보수로 자기와 자기의 형제들을 위하여 돈이나 금품을 제외하고 육신에 필요한 것들을 받아들이되, 4 주님의 종이며 지극히 거룩한 가난을 따르는 사람답게 겸손히 받아들일 것입니다.

제6장

형제들은 아무것도 자기의 소유로 하지 말 것입니다.
그리고 동냥을 청하는 일과 앓는 형제들에 대하여

1 형제들은 집이나 거처, 그 어떤 것도 자기 소유로 하지 말 것입니다. 2 그리고 이 세상에서 순례자와 나그네처럼(참조: 1베드 2,11) 가난과 겸손 안에서 주님을 섬기면서 신뢰심을 가지고 동냥하러 다닐 것입니다. 3 그리고 주님께서 우리를 위하여 이 세상에서 스스로 가난해지셨으니(참조: 2코린 8,9) 부끄러워하지 말아야 합니다. 4 이것이 바로 지극히 사랑하는 나의 형제 여러분을 하늘 나라의 상속자요 왕이 되게 하고, 물질에 가난한 사람이 되게 하면서도(참조: 야고 2,5), 덕행에 뛰어나게 하는 지극히 높은 가난의 극치입니다. 5 이것이 살아 있는 이들의 땅으로(참조: 시편 142,6) 인도하는 여러분의 몫이 되었으면 합니다. 6 지극히 사랑하는 형제들, 이 가난에 완전히 매달려 우리 주 예수 그리스도의 이름을 위하여 하늘 아래서는 평생토록 결코 다른 어떤 것도 가지기를 원치 마십시오. 7 그리고 형제들은 어디에 있든지 어디서 만나든지 상호간에 한 식구임을 서로서로 보여 줄 것입니다. 8 그리고 필요한 것을 서로 간에 거리낌 없이 드러내 보일 것입니다. 어머니가 자기 육신의 자녀를(참조: 1테살 2,7) 기르고 사

랑한다면 각자는 자기 영신의 형제들을 한층 더 자상하게 사랑하고 길러야 하지 않겠습니까? 9 그리고 형제들 가운데 누가 병이 나면 다른 형제들은 남이 자기 자신을 돌보아 주기를 바라는 것처럼 그에게 봉사해야 합니다(참조: 마태 7,12).

제7장

죄 지은 형제들에게 주어야 할 보속

1 형제들 가운데 누군가가 원수의 충동으로 대죄를 지으면, 그 죄가 관구봉사자들에게만 가도록 되어 있는 죄라고 형제들이 정한 것이라면, 그 죄를 지은 형제들은 가능한 한 빨리 지체하지 말고 봉사자들에게 갈 의무가 있습니다. 2 봉사자가 사제라면 그에게 직접 자비롭게 보속을 줄 것이고, 사제가 아니라면 우리 수도회의 다른 사제를 통해서 하느님 앞에서 더 낫다고 판단되는 대로 그들에게 보속을 주게 할 것입니다. 3 그리고 분노와 흥분은 자신과 다른 사람들의 사랑을 방해하므로, 남의 죄 때문에 화내거나 흥분하지 않도록 조심할 것입니다.

제8장

형제회의 총봉사자 선출과 성령 강림 총회

1 모든 형제들은 이 수도회의 형제들 가운데 한 사람을 전 형제회의 총봉사자와 종으로 늘 모셔야 하고 그에게 철저히 순종할 것입니다. 2 그가 세상을 떠났을 때에 관구봉사자들과 보호자들은 성령 강림 총회에서 그의 후계자를 선출할 것입니다. 관구봉사자들은 총봉사자가 총회를 어디에 소집하든지 언제나 총회에 함께 모일 의무가 있습니다. 3 이것은 삼 년에 한 번 또는 총봉사자가 정하는 대로 늦추거나 앞당길 수 있습니다. 4 그리고 만일 어느 때 관구봉사자들과 보호자들 전체가, 총봉사자가 형제들에 대한 봉사와 공동 이익에 부합하지 않다고 여길 경우에는 선거하도록 위임된, 위에 말한 형제들이 주님의 이름으로 다른 형제를 보호자로 선출할 의무가 있습니다. 5 그리고 성령 강림 총회 후, 봉사자들과 보호자들은 자신들이 원하고 또 적절하다고 생각한다면 같은 해에 관할 지역들 안에서 한 차례 자기 형제들을 회의에 소집할 수 있습니다.

제9장

설교자들

1 형제들은 주교가 금하면 그 주교의 교구에서 설교하지 말 것입니다. 2 그리고 이 형제회의 총봉사자의 시험을 거쳐 그로부터 허락을 받고 설교의 직책을 받지 않았다면, 형제들 중 그 누구도 사람들에게 감히 설교하지 말 것입니다. 3 또한, 나는 설교하는 형제들에게 권고하며 충고합니다. "설교할" 때 그들의 말은 백성들에게 유익하며 감화를 줄 수 있도록 "숙고되고 순수해야 합니다"(시편 12,7; 18,31). 4 또한 설교자들은 간결한 설교로 그들에게 악습과 덕행, 벌과 영광을 선포할 것이니, 이는 "주님께서 이 세상에서" 간결하게 "말씀을"(로마 9,28) 하셨기 때문입니다.

제10장

형제들에게 주는 권고와 교정

1 형제들의 봉사자요 종인 형제들은 자기 형제들을 방문하고 권고하며, 겸손과 사랑으로 잘못을 바로잡아 줄 것이며, 그들의 영혼과 우리 수도규칙에 반대되는 것은 어떤 것도 명하지

말 것입니다. 2 그리고 아랫형제들은 하느님 때문에 자기 의지를 포기했다는 것을 기억할 것입니다. 3 그러므로 나는 그들에게 단호히 명합니다. 형제들은 주님께 지키기로 약속했고 영혼과 우리 수도규칙에 반대되지 않는 모든 일에서 자기 봉사자들에게 순종하십시오. 4 그리고 형제들은 어디에 있든지 수도규칙을 영적으로 실행할 수 없다는 것을 알게 되고 깨닫게 될 때, 자기 봉사자들에게 달려가야 하며 또한 달려갈 수 있습니다. 5 그리고 봉사자들은 사랑과 친절로 이 형제들을 맞이할 것이며, 이 형제들이 마치 주인이 종들에게 하듯이 봉사자들에게 말하고 대할 수 있을 정도로 봉사자들은 그 형제들에게 친밀감을 지닐 것입니다. 6 사실, 봉사자들은 당연히 모든 형제들의 종이 되어야 합니다. 7 한편, 나는 주 예수 그리스도 안에서 권고하며 충고합니다. 형제들은 모든 교만과 헛된 영광, 질투와 탐욕(참조: 루카 12,15), 이 세상 근심과 걱정(참조: 마태 13,22), 그리고 중상과 불평에 빠져들지 않도록 조심하고, 또한 글 모르는 형제들은 글을 배우려고 애쓰지 마십시오. 8 오히려 우리가 무엇보다 먼저 갈망해야 할 것에 집중할 것입니다. 곧, 주님의 영과 그 영의 거룩한 활동을 마음에 간직하고, 9 주님께 깨끗한 마음으로 항상 기도하고 박해와 병고에 겸허하고 인내하며, 10 또한 우리를 박해하고 책망하고 중상하는 사람들을 사랑하는 일입니다. 왜냐하면 주님께서 이렇게 말씀하시기 때문입니다. "너희는 원수를 사랑하여라. 그리고 너희를 박해하고 중상하는 자들을 위하여 기도하여라"(마태 5,44). 11 "행복하여라, 의로움 때문에 박해를 받는 사람들! 하늘 나라가 그들의 것이다"(마태 5,10). 12 "끝까지 견디는 이는 구원을 받을 것이다"(마태 10,22).

제11장
형제들은 여자 수도원을 출입하지 말 것입니다

1 나는 모든 형제들에게 단호히 명합니다. 형제들은 여자들과 의심스러운 교제나 담화를 나누지 마십시오. 2 그리고 사도좌로부터 특별한 허가를 받은 형제들 외에는 여자 수도원을 출입하지 마십시오. 3 또, 형제들은 남자나 여자의 대부가 되지 마십시오. 이로 인해 형제들 간에 또는 형제들에 대한 추문이 생기지 않기 위해서입니다.

제12장
사라센인들과 비신자들 가운데로 가는 형제들

1. 하느님의 영감을 받아 사라센인들과 다른 비신자들 가운데로 가기 원하는 형제들은 관구봉사자들에게 허락을 청할 것입니다. 2 그러나 봉사자들은 파견하기에 적합하다고 여기지 않으면 아무에게도 갈 허락을 주지 말 것입니다. 3 아울러 나는 순종으로 봉사자들에게 명합니다. 이 형제회의 지도자요 보호자요 감사관이 될 분으로 거룩한 로마 교회의 추기경들 중에 한 분을 교황님께 청하십시오. 4 그리하여 형제들은 거룩한 교회의 발 아래 항상 매여 순종하고, 가톨릭 믿음의 기초 위에 굳건히 서서(참조: 골로 1,23) 우리가 굳게 서약한 가난과 겸손과 우리 주 예수 그리스도의 거룩한 복음을 실행할 것입니다.

[그러므로 아무도 우리가 확인하는 이 기록을 파기하거나 함부로 무모하게 반대하지 말 것입니다. 누구든지 감히 이를 시도한다면 전능하신 하느님과 그분의 사도인 복되신 베드로와 바오로의 진노를 사게 될 것임을 명심해야 합니다. 라테라노에서, 교황 재임 제8년 11월 29일.]

은수처를 위한 규칙

1 은수처에서 수도 생활을 하고 싶은 이들은 세 명이나 혹시 많아도 네 명을 넘지 말아야 합니다. 그들 중에 두 사람은 어머니가 될 것이고, 그 어머니들은 둘이나 아니면 적어도 한 아들을 가질 것입니다.

2 어머니인 이 두 사람은 마르타의 생활을 할 것이고, 두 아들은 마리아의 생활을 할 것이며(참조: 루카 10,38-42), 이 두 아들은 하나의 봉쇄 구역을 갖고 그 안에서 각각 기도하고 잠자기 위한 각자의 독방을 가질 것입니다.

3 그리고 해가 진 다음, 바로 그 날의 끝기도를 늘 바칠 것이고, 침묵을 유지하도록 힘쓸 것이며, 시간경을 바치고, 밤기도 시간에 일어날 것이며, "먼저 하느님의 나라와 그분의 의로움을 찾을 것입니다"(마태 6,33; 참조: 루카 12,31).

4 그리고 적절한 시간에 일시경을 바칠 것이고, 삼시경을 바친 후 침묵을 풀고 이야기할 수 있으며 자기 어머니들에게 갈 수 있습니다.

5 그리고 원할 때, 보잘것없는 가난한 이들처럼 주 하느님의 사랑 때문에 어머니들에게 동냥을 청할 수 있습니다.

6 그리고 그 다음에 육시경과 구시경을 바치고 적절한 시간에 저녁기도를 바칠 것입니다.

7 또한, 그들이 머물고 있는 봉쇄 구역에는 어떤 사람도 들어가지 못하게 하고 거기서는 아무것도 먹지 말 것입니다.

8 어머니가 되는 이 형제들은 모든 사람으로부터 멀리 떨어져 머물려고 힘쓸 것이며, 자기 봉사자에 대한 순종 때문에 아무도 자기 아들들과 이야기하지 못하게 그 아들들을 모든 사람으로부터 보호할 것입니다.

9 그리고 이 아들들은 자신의 어머니들 외에는 또한 주 하느님의 축복을 받아 자신들을 방문하고자 하는 자신의 봉사자와 보호자 외에는 다른 어떤 사람과도 이야기하지 말 것입니다.

10 그런데 그들이 서로 교대하기로 정한 때가 되면, 그 때에는 아들들이 어머니 역할을 맡을 것입니다. 그리고 위에서 말한 모든 것을 열심히 그리고 성실히 지키도록 힘쓸 것입니다.

권고들

1 그리스도의 몸

1 주 예수님께서 당신 제자들에게 말씀하셨습니다. "나는 길이요 진리요 생명이다. 나를 통하지 않고서는 아무도 아버지께 갈 수 없다." 2 "너희가 나를" 알게 되면 "내 아버지도" 알게 될 것이다. "이제부터 너희는 그분을 아는 것이고, 또 그분을 이미 본 것이다. 3 필립보가 예수님께, '주님, 저희가 아버지를 뵙게 해 주십시오. 저희에게는 그것으로 충분하겠습니다' 하자, 4 예수님께서 그에게 말씀하십니다. '필립보야, 내가 이토록 오랫동안 너희와 함께 지냈는데도, 너희는 나를 모른다는 말이냐? 나를 본 사람은 곧 내 아버지를 본 것이다'"(요한 14,6-9). 5 아버지는 "사람이 다가갈 수 없는 빛 속에"(1티모 6,16) 사시고, "하느님은 영靈이시며"(요한 4,24), "아무도 하느님을 본 적이 없습니다"(요한 1,18). 6 그러므로 "생명을 주는 것은 영이고 육肉은 아무 쓸모가 없기 때문에"(요한 6,63) 하느님은 영 안에서가 아니면 볼 수 없습

니다. 7 이와 같이 아드님도 아버지와 같은 분이시기에 아버지를 보는 방법과 다르게 또한 성령을 보는 방법과 다르게는 아무도 아드님을 볼 수 없습니다. 8 그래서 주 예수를 영과 신성으로 보지 않고, 인성으로만 보아 그분이 하느님의 참 아드님이시라는 것을 보지도 않았고 믿지도 않았던 모든 사람은 단죄받았습니다. 9 이와 마찬가지로 주님의 말씀을 통하여 제대 위에서 사제의 손으로 빵과 포도주의 형상으로 축성되는 성사를 보면서, 영과 신성에 따라 이것이 참으로 우리 주 예수 그리스도의 지극히 거룩하신 몸과 피라는 것을 보지도 않고 믿지도 않는 모든 사람도 단죄받습니다. 10 지극히 높으신 분께서 친히 이것을 증명해 주시며 말씀하십니다. "이는 내 몸이며 [많은 사람들을 위하여 흘리는] 새로운 계약의" 내 "피다"(마르 14,22.24). 11 그리고 "내 살을 먹고 내 피를 마시는 사람은 영원한 생명을 얻을 것이다"(요한 6,54). 12 그러므로 당신을 믿는 이들 안에서 머무르시는 주님의 영이 주님의 지극히 거룩하신 몸과 피를 받아 모시는 것입니다. 13 바로 이 영을 지니지 않은 채 감히 주님을 받아 모시는 모든 사람은 "자신에 대한 심판을 먹고 마시는 것입니다"(1코린 11,29).

14 그러니 "사람의 아들들이여, 언제까지 굳은 마음을 가지렵니까?"(시편 4,3). 15 왜 진리를 깨닫지 못하고 하느님의 아들을

믿지 않습니까?(참조: 요한 9,35). 16 보십시오! 그분은 "어좌로부터"(지혜 18,15) 동정녀의 태중으로 오신 때와 같이 매일 당신 자신을 낮추십니다(참조: 필리 2,8). 17 그분은 겸손한 모습으로 매일 우리에게 오십니다. 18 매일 사제의 손을 통하여 아버지의 품으로부터(참조: 요한 1,18) 제대 위에 내려오십니다. 19 그리고 당신 자신을 참된 살로서 거룩한 사도들에게 보여 주신 것과 마찬가지로 지금 축성된 빵으로 우리에게 당신 자신을 보여 주십니다. 20 그리고 그들은 육신의 눈으로 그분의 육신만을 보았지만, 영신의 눈으로 관상하면서 그분이 하느님이심을 믿었습니다. 21 이와 같이 우리들도 육신의 눈으로 빵과 포도주를 볼 때, 그것이 참되고 살아 있는 그분의 지극히 거룩하신 몸과 피라는 것을 보고 굳게 믿도록 합시다. 22 이처럼 "보라, 내가 세상 끝날까지 너희와 함께 있겠다"(마태 28,20) 하고 당신 자신이 말씀하신 대로 주님은 당신을 믿는 이들과 함께 항상 이렇게 계십니다.

2 의지를 자기 것으로 삼는 악

1 주님께서 아담에게 말씀하셨습니다. "너는 낙원에 있는 모든 나무"에서 "열매를 따 먹어도 된다. 그러나 선과 악을 알게

하는 나무에서는 따 먹으면 안 된다"(창세 2,16-17). 2 아담이 순종을 거스르지 않았을 때까지는 죄를 짓지 않았으므로, 동산에 있었던 모든 나무에서 열매를 따 먹을 수 있었습니다. 3 그런데 자기 의지를 자기의 것으로 삼고, 자기 안에서 주님께서 말씀하시고 이루시는 선을 자랑하는 바로 그 사람은 선을 알게 하는 나무에서 열매를 따 먹는 것입니다. 4 결국, 악마의 꾐에 빠져 계명을 거슬렀기 때문에, 먹은 것이 그에게 악을 알게 하는 열매가 되어 버렸습니다. 그래서 그런 사람은 벌받아야 마땅합니다.

3 완전한 순종

1 주님께서 복음에서 말씀하십니다. "자기 소유를 다 버리지 않는 사람은 내 제자가 될 수 없다"(루카 14,33). 2 그리고 "정녕 자기 목숨을 구하려는 사람은 목숨을 잃을 것이다"(루카 9,24). 3 자기 장상의 손 안에서 순종하기 위해 자기 전부를 바치는 사람은 가지고 있는 것을 모두 버리고 [자기 영혼과] 자기 몸을 잃는 사람입니다. 4 그리고 장상의 뜻을 거스르지 않는다는 것을 본인 자신이 알고, 또 하는 일이 선한 것이라면, 그가 행하고 말하는 것은 무엇이나 참된 순종입니다. 5 그리고 아랫사람은 장상이

자신에게 명하는 것보다 자신의 영혼에 더 좋고 더 유익하다고 여기는 경우가 있을 때라도, 기꺼이 자기 것을 하느님께 희생으로 바칠 것입니다. 그리고 장상이 명한 것을 실행에 옮기도록 힘쓸 것입니다. 6 사실, 이렇게 하는 것이 하느님과 이웃을 흡족케 하므로, 이것이야말로 사랑의 순종(참조: 1베드 1,22)이 됩니다.

7 그러나 만약 장상이 아랫사람에게 그의 영혼에 거스르는 어떤 것을 하도록 명한다면, 그 장상에게 순종하지 않아도 되지만 그를 버리지는 말아야 합니다. 8 그리고 만일 이 때문에 다른 이들로부터 핍박을 당하더라도 하느님 때문에 그들을 더욱 더 사랑하도록 해야 할 것입니다. 9 왜냐하면 자기 형제들과 헤어지기를 바라기보다는 핍박을 견디는 이가 자기 형제들을 위하여 "자기의 목숨"(요한 15,13)을 내놓기에 완전한 순종에 참으로 머무는 사람이기 때문입니다. 10 사실 자기 장상들이 명하는 것보다 더 나은 것을 본다는 핑계로, 뒤를 돌아다보며(참조: 루카 9,62), "토해 낸"(잠언 26,11; 2베드 2,22) 자기 의지로 되돌아가는 수도자들이 많습니다. 11 이들은 살인자들이며 또한 자기들의 악한 표양으로 많은 영혼을 잃게 합니다.

4 아무도 장상직을
   자기의 것으로 삼지 말 것입니다

1 "나는 섬김을 받으러 온 것이 아니라 섬기러 왔다"(마태 20,28)고 주님께서 말씀하십니다. 2 다른 사람들 위에 있게 된 이들은, 형제들의 발을 씻어 주는 직책을 위임받은 것을(참조: 요한 13,14) 자랑하는 그만큼 그 장상직을 자랑할 것입니다. 3 그리고 발을 씻어 주는 직책에서 면직될 때보다 장상직에서 면직될 때 더 흥분한다면, 그만큼 영혼의 파멸 쪽을 향해 사기의 "돈주머니를"(요한 12,6) 챙기는 것입니다.

5 아무도 교만하지 말고,
   주님의 십자가를 자랑할 것입니다

1 오, 사람이여, 주 하느님께서 육신으로는 사랑하시는 당신 아들의 "모습대로", 그리고 영靈으로는 당신과 "비슷하게"(창세 1,26) 그대를 창조하시고 지어 내셨으니, 주 하느님께서 그대를 얼마나 높이셨는지 깊이 생각해 보십시오. 2 그런데 하늘 아래에 있는 모든 피조물들은 나름대로 자신의 창조주를 그대보

다 더 잘 섬기고 인식하고 순종합니다. 3 뿐만 아니라 마귀들이 그분을 십자가에 못 박은 것이 아니라, 바로 그대가 마귀들과 함께 그분을 십자가에 못 박았으며, 그대는 아직도 악습과 죄를 즐기면서 그분을 십자가에 못 박고 있습니다. 4 그러니 그대는 무엇을 자랑할 수 있겠습니까? 5 실상, 그대가 "모든 지식을"(1코린 13,2) 가지고 있고, "모든 언어를"(1코린 12,28) 해석할 수도 있고, 또 천상 일을 날카롭게 꿰뚫어 볼 정도로 예리하고 명석하다 할지라도, 그대는 이 모든 것을 자랑할 수 없습니다. 6 왜냐하면 주님으로부터 가장 높은 지혜에 대한 특별한 인식을 받은 사람이 있다 해도, 한 마리의 마귀는 그 모든 사람보다 천상 일에 대해 더 많이 알고 있었고, 지금은 지상 일에 대해 더 많이 알고 있기 때문입니다. 7 이와 마찬가지로 그대가 모든 사람보다 더 잘생겼고 더 부유하고, 또한 기적들을 행하여 악령들이 달아난다 해도, 이 모든 것은 그대에게 해害가 되고 그대의 것은 아무것도 없으며 이 모든 것 안에서 아무것도 그대는 자랑할 수 없습니다. 8 오히려, 우리는 이 안에서 우리의 "연약함"(2코린 12,5)과 우리 주 예수 그리스도의 거룩한 십자가를 매일 지는(참조: 루카 14,27; 갈라 6,14) 일을 자랑할 수 있습니다.

6 주님을 따름

1 모든 형제들이여, 우리 모두 당신 양들을 속량하기 위해(참조: 요한 10,11; 히브 12,2) 십자가의 수난을 견디어 내신 착한 목자를 주의 깊게 바라봅시다. 2 주님의 양들은 "고난과 박해", 수치와 "굶주림"(로마 8,35), 연약함과 유혹 등 모든 점에서 주님을 따랐습니다. 그리하여 주님에게서 영원한 생명을 얻었습니다. 3 그러므로 성인들은 이렇게 업적을 이루었는데 우리는 그것을 그저 이야기하고 설교만 하며 영광과 영예를 받기 원하니, 이것은 하느님의 종들인 우리로서 대단히 부끄러운 일입니다.

7 지식에 선행善行이 뒤따라야 합니다

1 사도가 말합니다. "문자는 사람을 죽이고 영은 사람을 살립니다"(2코린 3,6). 2 사람들 중에서 더 많은 지식을 가진 자로 인정받기 위해서 또 친척이나 친구들에게 줄 많은 재물을 얻기 위해서 다만 말마디만을 배우기를 열망하는 이들은 문자로 말미암아 죽임을 당한 사람들입니다. 3 그리고 거룩한 문자의 영靈을 따르기를 원치 않고 말마디만을 배우기를 열망하며 다른 사

람들에게 설명해 주기를 열망하는 수도자들은 문자로 말미암아 죽임을 당한 사람들입니다. 4 그리고 알고 있는 문자나 알고 싶어 하는 모든 문자를 육신의 것으로 돌리지 않고, 오히려 모든 선을 소유하시는 지극히 높으신 주 하느님께 말과 모범으로 돌려드리는 사람들은 거룩한 문자의 영으로부터 생명을 얻은 사람들입니다.

8 시기의 죄를 피할 것입니다

1 사도가 말합니다. "성령에 힘입지 않고서는 아무도 '예수님은 주님이시다'라고 할 수 없습니다"(1코린 12,3). 2 또, "선한 일을 하는 사람은 없습니다. 단 한 사람도 없습니다"(로마 3,12; 참조: 시편 13,3; 52,4). 3 따라서 누구든지 주님께서 자기 형제 안에서 말씀하시고 이루시는 선을 보고 그 형제를 시기하면, 모든 선을 말씀하시고 이루어 주시는 지극히 높으신 분 자신을 시기하는 것이기에(참조: 마태 20,15) 하느님을 모독하는 죄를 범하는 것입니다(참조: 1코린 6,12).

9 사랑

1 주님께서 말씀하십니다. "너희 원수를 사랑하고 너희를 미워하는 사람들에게 잘해 주고 너희를 박해하고 중상하는 사람들을 위하여 기도하여라"(마태 5,44). 2 따라서 자기 원수를 진정으로 사랑하는 사람은 자기가 당하는 해(害)로 말미암아 괴로워하지 않고, 3 오히려 그의 영혼의 죄로 말미암아 하느님의 사랑 때문에 가슴 태우는 사람입니다. 4 그리고 그에게 행동으로 사랑을 보여 줍니다.

10 육신의 제어

1 죄를 지을 때나 해를 입을 때 자주 원수나 이웃을 탓하는 사람들이 많습니다. 2 그러나 이래서는 안 됩니다. 사람은 육체를 통해서 죄를 짓게 되는데 누구나 그 원수, 즉 육체를 다스릴 수 있기 때문입니다. 3 그러므로 자기의 지배 아래 넘겨진 그러한 원수를 항상 손아귀에 집어넣고 그에게서 슬기롭게 자기 자신을 지키는 "그런 종은 복됩니다"(마태 24,46). 4 이렇게 하는 한, 볼 수 있건 볼 수 없건 그 어떤 원수도 그를 해칠 수 없기 때문입니다.

11 다른 사람의 악행 때문에
     무너지지 말 것입니다

1 하느님의 종은 죄 외에는 아무것도 못마땅해해서는 안 됩니다. 2 그리고 누가 어떻게 죄를 짓든, 하느님의 종이 이 때문에 사랑이 아닌 다른 이유로 흥분하거나 분개한다면, 스스로 과오를 쌓는 것입니다(참조: 로마 2,5). 3 어떤 일로 말미암아 분개하거나 흥분하지 않는 하느님의 종이 진정 소유 없이 사는 사람입니다. 4 그리고 "황제의 것은 황제에게 돌려주고 하느님의 것은 하느님께 돌리면서"(마태 22,21) 자기에게 아무것도 남겨 두지 않는 사람은 복됩니다.

12 주님의 영을 어떻게 알 수 있는가

1 하느님의 종이 주님의 영을 지니고 있는지는 이렇게 알 수 있습니다. 2 육은 항상 모든 선을 거스르기에, 주님께서 그 사람을 통하여 어떤 선을 행하실 때, 그의 육이 그 때문에 자신을 높이지 않고, 3 오히려 자신을 더 비천한 자로 여기며 다른 모든 사람보다도 자신을 더 작은 자로 평가할 때 알 수 있습니다.

13 인내

1 하느님의 종은 자기가 만족스러워 할 때에는 자기에게 어느 정도의 인내심과 겸손이 있는지를 알 수 없습니다. 2 그러나 자기를 만족스럽게 해야 할 바로 그 사람들이 자신을 반대하는 순간이 왔을 때, 그 때에 지니고 있는 만큼의 인내와 겸손을 지니고 있는 것이지 그 이상을 지니고 있는 것이 아닙니다.

14 영의 가난

1 "행복하여라, 영으로 가난한 사람들! 하늘 나라가 그들의 것이다"(마태 5,3). 2 여러 가지의 기도와 일에 열중하면서 자기 몸에 많은 극기와 고행을 행하지만, 3 자기 육신에 해가 될 것 같은 말 한마디에, 혹은 자기가 빼앗길 것 같은 그 무엇에 걸려 넘어져 내내 흥분하는 사람들이 많습니다. 4 이런 이들은 영으로 가난한 사람들이 아닙니다. 진정 영으로 가난한 사람은 자기 자신을 미워하고(참조: 루카 14,26), 자기 뺨을 치는(참조: 마태 5,39) 사람들을 사랑하기 때문입니다.

15 평화

1 "행복하여라, 평화를 이루는 사람들! 그들은 하느님의 자녀라 불릴 것이다"(마태 5,9). 2 이 세상에서 어떤 일을 겪더라도 우리 주 예수 그리스도의 사랑 때문에 마음과 몸에 평화를 간직하는 사람들이 진정 평화의 사람들입니다.

16 마음의 깨끗함

1 "행복하여라, 마음이 깨끗한 사람들! 그들은 하느님을 볼 것이다"(마태 5,8). 2 진정 마음이 깨끗한 사람들은 지상의 것들을 멸시하고 천상의 것들을 찾으며, 살아 계시고 참되신 주 하느님을 깨끗한 마음과 정신으로 항상 흠숭하고 바라보는 일을 그치지 않는 사람들입니다.

17 하느님의 겸손한 종

1 주님께서 다른 사람을 통하여 말씀하시고 이루시는 선보다 자기를 통하여 말씀하시고 이루시는 선으로 자신을 더 높이려

하지 않는 "그런 종은 복됩니다"(마태 24,46). 2 주 하느님께 자기의 것을 바치기를 원하기보다 자기 이웃에게서 받기를 더 원하는 사람은 죄를 짓는 것입니다.

18 이웃의 고통에 함께 함

1 이웃 안에 있는 연약함을 보고, 비슷한 경우에 처해 있을 때 그 이웃으로부터 부축받기를 원하는 것처럼 그 이웃을 부축해 주는 사람은 복됩니다(참조: 갈라 6,2). 2 온갖 좋은 것을 주 하느님께 돌려드리는 종은 복됩니다. 실상, 어떤 것이라도 자신을 위해 묻어 두는 사람은 "자기 주" 하느님의 "돈을" 자기 안에 "숨겨 두는"(마태 25,18) 사람이 되며, "가진 줄로 여기고 있는 것마저 빼앗길 것이기"(루카 8,18) 때문입니다.

19 하느님의 겸손한 종

1 사람들로부터 천하고 무식하며 멸시받을 자로 취급받을 때와 마찬가지로, 칭찬과 높임을 받을 때도 자기 자신을 더 나은

사람으로 여기지 않는 종은 복됩니다. 2 사실, 인간은 하느님 앞에 있는 그대로이지 그 이상이 아니기 때문입니다. 3 다른 사람들에 의해 높은 자리에 올랐다가, 자기 의지로 내려오기를 원치 않는 그런 수도자는 불행합니다. 4 그래서 자기 의지로 높은 자리에 있지 않고, 다른 이들의 발 아래 있기를 늘 열망하는 "그런 종은 복됩니다"(마태 24,46).

20 주님 안에서
행복한 수도자와 허울 좋은 수도자

1 주님의 지극히 거룩한 말씀과 업적 말고 다른 데서는 흐뭇함과 즐거움을 느끼지 못하며, 2 또한 그것들로써 기쁨과 즐거움 가운데(참조: 시편 50,10) 사람들을 하느님의 사랑에 인도하는 그런 수도자는 복됩니다. 3 쓸모없고 헛된 말들을 즐겨 하고, 또한 그것들로 사람들을 웃기려는 그런 수도자는 불행합니다.

21 헛되고 수다스러운 수도자

1 이야기를 할 때, 어떤 보상을 받을 의도로 자기의 모든 것

을 드러내지 않고, "말이 앞서지"(잠언 29,20) 않으며, 오히려 말해야 할 것과 대답해야 할 것을 지혜롭게 준비하는 종은 복됩니다. 2 주님께서 자기에게 보여 주시는 좋은 것들을 마음속에 간직하지 못하고(참조: 루카 2,19.51) 또 다른 이들에게 행동으로 보여 주기보다는, 오히려 보상을 받을 의도로 사람들에게 말로 보여 주려는 그런 수도자는 불행합니다. 3 이런 자는 "받을 상을 이미 다 받았고"(마태 6,2.16), 그의 말을 듣는 사람들은 적은 열매를 맺습니다.

22 잘못을 고침

1 다른 사람이 해 주는 훈계와 문책과 꾸지람을 마치 본인이 자기 자신에게 하듯이 인내로이 견디어 내는 종은 복됩니다. 2 꾸지람을 듣고는 그 꾸지람을 넓은 마음으로 받아들이고, 부끄러운 마음으로 순종하며, 겸허히 고백하고, 기꺼이 보속하는 종은 복됩니다. 3 자신을 변명하는 데 빠르지 않고, 자기 탓이 아닌 죄에 대해서도 부끄러움과 꾸지람을 겸손히 참아 받는 종은 복됩니다.

23 겸손

1 자기의 주인들과 함께 있을 때처럼, 자기의 아랫사람들과 함께 있을 때도 겸손한 종은 복됩니다. 2 언제나 교정矯正의 채찍 밑에 머무는 종은 복됩니다. 3 자신의 모든 잘못을 내적으로 통회하고, 외적으로 고백하며, 행동으로 보속함으로써 회개하는 데에 지체하지 않는 이는 "충성스럽고 슬기로운 종"입니다 (마태 24,45).

24 참된 사랑 1

형제가 건강하여 보답해 줄 수 있을 때 그 형제를 사랑하는 만큼, 형제가 앓고 있어 보답을 받을 수 없을 때도 그만큼 형제를 사랑하는 종은 복됩니다.

25 참된 사랑 2

자기에게서 멀리 떨어져 있을 때에도 자기와 함께 있을 때처럼 형제를 사랑하고 존경하며, 그 형제 앞에서 사랑 때문에 말할 수 없는 것을 그 형제 뒤에서도 그에 대하여 말하지 않는 종은 복됩니다.

26 하느님의 종들은
　　성직자들을 존경할 것입니다

1 거룩한 로마 교회의 규범에 따라 바르게 생활하는 성직자들에게 믿음을 지니는 하느님의 종은 복됩니다. 2 하지만, 이들을 업신여기는 자들은 불행합니다. 비록, 그들이 죄인들이라 하더라도, 주님 자신만이 이들에 대한 심판을 당신 자신에게 유보留保하시기에 아무도 이들을 심판하지 말아야 합니다. 3 그들 자신도 받아 모시며 그들만이 다른 이들에게 나누어 주는, 우리 주 예수 그리스도의 지극히 거룩하신 몸과 피에 봉사하는 그들의 직분이 다른 모든 것보다 더 큰 것이기에, 4 이들에게 죄를 짓는 자는 이 세상의 다른 모든 사람에게 죄를 짓는 것보다 그만큼 더 큰 죄를 짓는 것이기 때문입니다.

27 악습을 몰아내는 덕

1 사랑과 지혜가 있는 곳에

　두려움도 무지도 없습니다

2 인내와 겸손이 있는 곳에

　분노도 동요動搖도 없습니다.

3 기쁨과 더불어 가난이 있는 곳에

　탐욕도 인색도 없습니다.

4 고요와 묵상이 있는 곳에

　걱정도 방황도 없습니다.

5 "자기 집을 지킴에"(루카 11,21) 주님의 두려움이 있는 곳에

　원수가 들어갈 곳이 없습니다.

6 자비와 신중함이 있는 곳에

　지나침도 완고함도 없습니다.

28 선善을 잃지 않도록 감춥시다

1 주님께서 자기에게 보여 주시는 좋은 것들을 "하늘에 쌓아 두며"(마태 6,20), 그것을 보상받을 의도로 사람들에게 드러내

려 하지 않는 종은 복됩니다. 2 지극히 높으신 분께서 친히 당신 마음에 드는 사람이라면 누구에게나 당신 종의 업적들을 드러내실 것이기 때문입니다. 3 주님의 비밀을 "자기 마음속에 간직하는"(루카 2,19.51) 종은 복됩니다.

클라라와 그의 자매들에게 준 생활 양식

지극히 높으신 하늘의 아버지께서는 당신 은총을 통해 지극히 복된 우리 사부 성 프란치스코의 모범과 가르침으로 회개 생활을 하도록 황송하옵게도 나의 마음을 비추어 주셨습니다. 그리고 사부님이 회심하고 조금 지난 후 나는 자원하여 나의 자매들과 함께 그분에게 순종을 약속했습니다. 복된 사부님은 우리가 가난도 수고도 고생도 모욕도 세속의 멸시도 두려워하지 않고 오히려 이런 것들을 더없는 즐거움으로 여기게 될 것을 알고, 연민으로 마음이 움직여 다음과 같이 우리에게 생활 양식을 써 주었습니다.

1 여러분은 하느님의 영감으로 지극히 높으시고 지존하신 임금님, 천상 성부의 딸과 여종들이 되셨고, 거룩한 복음의 완전함을 따라 사는 것을 택함으로써 성령의 정배들이 되셨기에, 2 나는 직접 그리고 나의 형제들을 통하여 나의 형제들에게 가지고 있는 만큼 여러분에 대해서도 애정 어린 보살핌과 특별한 관심을 늘 가질 것을 바라고 약속합니다.

그분은 살아 있는 동안 이 약속을 충실히 지켰고 형제들도 항상 지키기를 바랐습니다(「클라라 규칙」 6,1-5).

클라라와 그의 자매들에게
써 보낸 마지막 원의

　그리고 우리는 물론 우리 뒤에 들어올 자매들도 우리가 받아들인 지극히 거룩한 가난에서 벗어나지 않도록 하기 위해, 세상을 떠나기 조금 전에 당신의 마지막 뜻을 다음과 같이 말씀하며 다시금 우리에게 글로 남겼습니다.

　1 보잘것없는 나 프란치스코 형제는 지극히 높으신 우리 주 예수 그리스도와 그분의 지극히 거룩하신 어머니의 생활과 가난을 따르기를 원하며, 끝까지 그 생활 안에 항구하기를 원합니다(참조: 마태 10,22).
　2 그리고 나의 자매 여러분, 나는 여러분에게 간청하고 또 권고하니, 늘 지극히 거룩한 이 생활과 가난 안에 살아가십시오. 3 그리고 누구의 가르침이나 권고로 이 생활을 결코 떠나지 않도록 영원토록 온갖 조심을 다하십시오(「클라라 규칙」 6,6-9).

유언

1 주님께서 나 프란치스코 형제에게 이렇게 회개를 시작하도록 해 주셨습니다. 죄 중에 있었기에 나에게는 나병 환자들을 보는 것이 쓰디쓴 일이었습니다. 2 그런데 주님 친히 나를 그들 가운데로 이끄셨고 나는 그들과 함께 지내면서 자비를 실행하였습니다. 3 그리고 내가 그들에게서 떠나올 무렵에는 나에게 쓴맛이었던 바로 그것이 도리어 몸과 마음의 단맛으로 변했습니다. 그리고 그 후 얼마 있다가 나는 세속을 떠났습니다.

4 그리고 주님께서 성당들에 대한 크나큰 믿음을 나에게 주셨기에, 다음과 같은 말로 단순하게 기도하곤 했습니다. 5 "주 예수 그리스도님, 저희는 전 세계에 있는 당신의 모든 성당에서 당신을 흠숭하며, 당신의 거룩한 십자가로 세상을 구속하셨기에 당신을 찬양하나이다."

6 그 후 성품聖品으로 말미암아, 거룩한 로마 교회의 관습에 따라 생활하는 사제들에 대한 큰 믿음을 주님께서 나에게 주셨고 또한 지금도 주시기에, 만일 그들이 나를 박해한다 해도 나

는 그들에게 달려가기를 원합니다. 7 그리고 내가 솔로몬이 가졌던 그 정도의 많은 지혜를 가지고 있고, 이 세상의 가엾은 사제들을 만난다 해도, 그들의 뜻을 벗어나 그들이 거주하는 본당에서 설교하고 싶지 않습니다. 8 그리고 그들과 다른 모든 사제들을 마치 나의 주인인 듯 두려워하고 사랑하며 존경하기를 원합니다. 9 그리고 그들 안에서 나는 하느님의 아들을 알아보고, 또 그들이 나의 주인이므로, 그들 안에서 죄를 보고 싶지 않습니다. 10 내가 이렇게 하는 이유는, 사제 자신들도 받아 모시고 사제들만이 다른 이들에게 나누어 주는 주님의 지극히 거룩한 몸과 피가 아니고서는 이 세상에서 하느님의 지극히 높으신 아들을 내 육신의 눈으로 결코 보지 못하기 때문입니다.

11 그리고 이 지극히 거룩한 신비들이 무엇보다도 공경받고 경배되며 귀중한 장소에 모셔지기를 원합니다. 12 지극히 거룩한 이름들과 그분의 말씀이 기록된 것이 부당한 곳에서 발견되면, 나는 그것을 모으겠고, 또 그것을 모아 합당한 곳에 모시기를 바랍니다. 13 또한, 우리는 모든 신학자들과 지극히 거룩하신 하느님의 말씀을 전해 주는 사람들을 우리에게 영과 생명(참조: 요한 6,63)을 전하는 사람들로 공경하고 존경해야 합니다.

14 그리고 주님께서 나에게 몇몇 형제들을 주신 후 내가 해야 할 일을 아무도 나에게 보여 주지 않았지만, 지극히 높으신

분께서 친히 나에게 거룩한 복음의 양식樣式에 따라 살아야 할 것을 계시하셨습니다. 15 그리고 나는 그것을 몇 마디 말로 그리고 단순하게 기록하게 했고 교황님께서 나에게 확인해 주셨습니다. 16 그리고 이 생활을 받아들이려고 찾아오는 사람들은 "가지고 있던 모든 것"(토빗 1,3)을 가난한 사람들에게 주었습니다. 17 그리고 우리는 안팎으로 기운 수도복 한 벌로 만족하였고 원하는 사람은 띠와 속옷을 가졌습니다. 그리고 우리는 그이상 더 가지기를 원치 않았습니다. 18 우리 성직자들은 다른 성직자들처럼 성무일도를 바쳤고, 평형제들은 주님의 기도를 바쳤습니다. 그리고 우리는 성당에 아주 기꺼이 머물곤 하였습니다. 19 그리고 우리는 무식한 사람들이었으며 모든 이에게 복종하였습니다. 20 그리고 나는 내 손으로 일을 하였고 또 지금도 일하기를 원하며 다른 모든 형제들도 올바른 허드렛일에 종사하기를 간절히 바랍니다. 21 일할 줄 모르는 형제들은 일의 보수를 받을 욕심 때문이 아니라 모범을 보이고 한가함을 쫓기 위해서 일을 배울 것입니다. 22 그리고 우리가 일의 보수를 받지 못할 때에는 집집마다 동냥하면서 주님의 식탁으로 달려갑시다. 23 "주님께서 당신에게 평화를 내려 주시기를 빕니다" 하고 우리가 해야 할 인사를 주님께서 나에게 계시하셨습니다. 24 형제들은 성당과 초라한 집 그리고 형제들을 위해 세운 모든 건물이 우리가 수도규칙에서 서약한 거룩한 가난에 맞지 않으면 그것들을 절대로 받지 않도록 조심할 것이며, 거기서 나그네와 순례자같이(참조: 1베드 2,11) 항상 손님으로 머무십시오. 25 나는 모든 형제들에게 순종으로 단호히 명합니다. 형제들이 어디에 있든지, 성당을 얻기 위해서도, 다른 장소를 얻기 위해서도, 설교를 하기 위한 구실로도, 육신의 박해를 피하기 위해서도, 직접적으로나 간접적으로 로마 교황청에 어떤 증서도 감히 신청하지 말 것입니다. 26 환영받지 못하거든 오히려 하느님의 축복 속에 회개를 하기 위해 다른 지방으로 피할 것입니다.

27 그리고 나는 이 형제회의 총봉사자와, 그리고 총봉사자가 나에게 정해 주고자 하는 다른 수호자에게 기꺼이 순종하기를 간절히 원합니다. 28 그리고 수호자는 나의 주인이기에 순종과 그의 뜻을 벗어나서는 아무 곳에도 가지 못하고 무엇을 하지도 못할 정도로 그의 손 안에 매여 있기를 원합니다. 29 그리고 비록 내가 어리석고 병약한 사람이라 할지라도, 수도규칙에 정해진 대로 나에게 성무일도를 읽어 줄 성직형제 한 분을 항상 모시기를 원합니다. 30 그리고 다른 모든 형제들도 자기 수호자들에게 이와 같이 순종해야 하고 수도규칙에 따라 성무일도를 바쳐야 합니다. 31 그리고 수도규칙에 따라 성무일도를 바치지 않고 그것을 다른 형식으로 변경하려고 하는 이나 가톨릭 신자가

아닌 듯한 이를 발견하게 되면, 어디서 이런 이를 만나든, 형제들은 어디에 있든지 순종으로 모두 그를 만난 곳에서 가장 가까운 관할 보호자에게 보내야 합니다. 32 그리고 보호자는 단호히 순종으로, 그를 그의 봉사자의 손에 직접 넘겨줄 때까지 자기 손에서 도망갈 수 없도록 감옥에 주야로 갇혀 있는 사람처럼 엄중하게 지켜야 합니다. 33 그리고 봉사자는 단호히 순종으로, 그 형제를 전 형제회의 주인이며 보호자요 감사관이신 오스티아 [추기경]에게 넘겨줄 때까지, 몇몇 형제들을 시켜 그를 감옥에 갇혀 있는 사람처럼 주야로 지키게 하고 그를 추기경에게 보내야 합니다.

34 그리고 형제들은 이것이 또 하나의 수도규칙이라고 말하지 말 것입니다. 이 글은 우리가 주님께 서약한 수도규칙을 더욱더 가톨릭 신자답게 실행하도록, 보잘것없는 형제인 나 프란치스코가 축복받은 나의 형제 여러분에게 주는 회고요 권고와 격려이며 나의 유언이기 때문입니다. 35 그리고 총봉사자와 다른 모든 봉사자들과 보호자들은 순종으로, 이 말에 아무것도 덧붙이거나 삭제하지 말아야 합니다. 36 그리고 형제들은 이 글을 수도규칙과 함께 항상 지녀야 할 것입니다. 37 그리고 개최하는 모든 모임에서 수도규칙을 읽을 때 이 글도 읽을 것입니다. 38 그리고 수도규칙과 이 글에 "이렇게 알아들어야 한다"고 말하면서

해석을 붙이지 말 것을 나는 성직형제이건 평형제이건 나의 모든 형제들에게 단호히 순종으로 명합니다. 39 오히려 주님께서 나에게 수도규칙과 이 글을 단순하고 순수하게 말하게 하고 또 기록하게 해 주신 것과 같이, 여러분도 단순하고 순수하게 해석 없이 이해하며 거룩한 행동으로 끝까지 실행하도록 하십시오.

40 그리고 이것을 실행하는 사람은 누구나 하늘에서는 지극히 높으신 아버지의 축복을 충만히 받고, 땅에서는 지극히 거룩하신 보호자 성령과 하늘의 모든 권품權品 천사들과 모든 성인들과 함께 사랑하는 아들의 축복을 충만히 받기를 빕니다. 41 그리고 여러분의 보잘것없는 종인 나 프란치스코 형제는 할 수 있는 데까지 이 지극히 거룩한 축복을 내적 외적으로 여러분에게 보증합니다.

제4부

기타

1
받아쓴 글

참되고 완전한 기쁨

1 어느 날 복되신 프란치스코가 천사들의 성 마리아 성당에 머물고 있을 때 레오 형제를 불러 이렇게 말했다고 같은 형제[레오나르도 형제]가 전하였다. "레오 형제, 기록하십시오." 2 레오 형제가 대답하였다. "예, 준비되었습니다." 3 프란치스코가 말했다. "어떤 것이 참된 기쁨인지 기록하십시오."

4 "이느 소식 전달자가 와서 파리의 모든 교수들이 우리 수도회에 들어왔다고 전한다고 합시다. 그러나 그것이 참된 기쁨이 되지 않는다고 기록해 놓으십시오. 5 마찬가지로 알프스 산 너머 모든 고위 성직자들, 대주교들과 주교들이 우리 수도회에 들어오고, 또 프랑스의 왕과 영국의 왕이 우리 수도회에 들어왔다고 전한다 해도, 그런 것들이 참된 기쁨이 되지 않는다고 기록해 놓으십시오. 6 마찬가지로 나의 형제들이 비신자非信者들에게 가서 그들 모두가 신앙을 갖게 하였고, 또한 내가 병든 이들을 고쳐 주고 많은 기적들을 행할 수 있는 큰 은총을 하느님으로부터 받았다고 전한다 해도 나는 형제에게 말합니다. 이 모든 것들 안에는 참된 기쁨이 없습니다."

7 "그러면 참된 기쁨이란 어떤 것입니까?" 8 "내가 페루자에

서 돌아오는데 이 곳에 밤이 깊어 도착합니다. 때는 겨울이고 진흙길이며 몹시 추워, 나의 수도복 자락에 젖은 찬물이 얼어 고드름이 되고, 그 고드름이 자꾸 다리를 때려, 다리의 상처에서 피가 나옵니다. 9 그리고 내가 추위에 떨면서 진흙과 얼음에 뒤범벅이 되어 문에 다가가서, 오랫동안 문을 두드리고 부르기를 수차례 한 다음에야, 형제 하나가 나와서 '당신은 누구요?' 하고 묻습니다. 나는 '프란치스코 형제입니다'라고 대답합니다. 10 그는 '썩 물러가거라. 지금은 돌아다니는 시간이 아니니, 들어올 수 없다'라고 말합니다. 11 내가 다시 애걸하자, 그는 '썩 물러가거라. 어리석고 무식한 것아, 두 번 다시 우리에게 오지 말아라. 우리는 이제 사람들도 많고 훌륭한 사람들도 많으니, 너는 필요 없어!'라고 대답합니다. 12 나는 또다시 문 앞에 서서 '하느님의 사랑으로 오늘 밤만이라도 저를 받아 주십시오!' 하고 애걸합니다. 13 그러나 그는 '그럴 수 없어! 14 십자가 수도회로 가서 부탁해 봐!'라고 대답합니다. 15 이러한 경우 만약 내가 인내를 가지고 마음의 평정을 잃지 않는다면, 바로 여기에 참된 기쁨이 있고 또한 참된 덕도 영혼의 구원도 있다고 나는 형제에게 말합니다."

시에나에서 쓴 유언

그분의 동료들은 그분께서 병이 깊어 쇠약해지고 고통이 심해 죽음이 임박했음을 알고 심한 고통에 젖어 눈물을 흘리며 이렇게 말했다. "아버지, 우리는 어떻게 해야 합니까? 우리와 당신의 다른 모든 형제들을 축복해 주십시오. 그리고 당신 형제들이 당신 뜻을 기억할 수 있도록 말씀을 남겨 주십시오. 그리하여 주님께서 당신을 이 세상에서 불러 가시면, 형제들이 우리 아버지가 돌아가실 때 당신의 아들들과 형제들에게 이런 말씀을 남겨 주셨다고 늘 기억하며 말할 수 있게 해 주십시오." 그러자 그분께서는 "베네데토 피라트로 형제를 불러 주시오" 하고 말씀하셨다. 그는 수도원에 들어온 지 오래되었으며 사려 깊고 거룩한 사제 형세로, 가끔 복되신 프린치스고를 위해 그 방에서 거룩한 미사를 드리곤 하였다. 성인께서 병을 앓고 있다 하더라도 기꺼이 할 수 있을 때는 언제나 정성을 다하여 미사에 참여하기를 원하셨기 때문이다. 그 형제가 다가오자 복되신 프란치스코께서 그에게 말씀하셨다.

1 지금 우리 수도회에 있는 형제들과 세상의 끝날까지 들어올 나의 모든 형제들에게 축복한다고 기록해 놓으십시오.

2 나는 쇠약함과 병고로 말조차 할 수 없으므로, 다음과 같이 간단히 세 마디 말로 나의 뜻을 나의 형제들에게 밝히려고 합니다.

3 나의 축복과 나의 유언에 대한 기억의 표시로 항상 서로 사랑하고, 4 우리의 귀부인이신 거룩한 가난을 항상 사랑하고 지키며, 5 또한 늘 어머니이신 거룩한 교회의 고위 성직자들과 다른 모든 성직자들에게 충성을 다하고 복종하십시오.

베르나르도 형제에게 준 축복

야고바 부인이 복되신 프란치스코께 그 과자를 만들어 주던 날 아버지는 베르나르도 [형제]가 생각나 "베르나르도 형제는 이 과자를 좋아합니다"라고 자기 동료들에게 말씀하셨다. 그리고 동료 가운데 하나를 불러 "가서 베르나르도 형제에게 즉시 나에게 오라고 하십시오"라고 말씀하셨다. 그 형제가 가서 베르나르도 형제를 복되신 프란치스코께 데려왔다. 그리고 베르나르도 형제는 복되신 프란치스코께서 누운 자리 앞에 앉아 말하였다. "아버지, 청하오니 저를 축복해 주시고 저에게 사랑의 표시를 해 주십시오. 아버지로서 지닌 애정으로 저에게 사랑을 표시해 주시면 하느님과 수도회의 다른 형제들이 저를 더욱더 사랑하리라 믿습니다." … 베르나르도 형제는 그분께 더 가까이 다가갔다. 복되신 프란치스코께서는 당신 손을 그의 머리에 얹고 축복하셨다. 그러고 나서 동료들 가운데 하나에게 말씀하셨다.

1 내가 그대에게 말하는 대로 기록하십시오.
2 주님께서 나에게 주신 첫 번째 형제가 베르나르도 형제였고, 또한 자신의 모든 재산을 가난한 사람들에게 나누어 주면서 거룩한 복음의 완전함을 시작하고 가장 완전하게 마친 첫 형제도 바로 그였습니다. 3 이런 이유와 그가 입은 많은 특은 때문에, 나는 전 수도회의 어떤 형제보다도 이 형제를 더 사랑하지 않을 수 없습니다.

4 그래서 나는 할 수 있는 데까지 바라고 명합니다. 총봉사자가 누가 되든지 간에 총봉사자는 나를 사랑하고 존경하는 것처럼 그를 사랑하고 존경할 것이며, 5 또한 다른 관구봉사자들과 전 수도회의 모든 형제들도 그를 나처럼 여기십시오.

그래서 베르나르도 형제와 다른 형제들은 이것을 보고 큰 위로를 받았다.

2
잃어버렸거나 의심스러운 편지들

오스티아의 우골리노 주교에게 보낸 편지

…형제들의 수도회와 수도단체가 하느님의 은총을 받아 번창하기 시작하였다. … 성 프란치스코는 그 당시 로마 교회의 으뜸인 호노리오 교황님을 찾아가 오스티아의 우골리노 주교님을 자신과 모든 형제들의 아버지와 주인으로 임명해 줄 것을 겸손하게 청하였다. 교황님은 성인의 청에 동의하고 기꺼이 따르며 형제회에 대한 자신의 권한을 우골리노에게 맡겼다….

하느님의 영에 가득 차 있던 프란치스코는 그 영에 이끌려 모든 이들이 보는 앞에서 장래에 일어날 일을 오래전부터 알고 있었다. 그가 수도 가족의 긴급한 일이나 또는 이보다 우골리노를 향하여 지녔던 그리스도의 사랑에 이끌려 그에게 편지를 쓸 때마다 다른 사람들이 관례적으로 인사 양식에서 사용하는 것처럼 그를 오스티아의 주교 또는 벨레트리의 주교라고 부르는 것에 결코 만족하지 못하고, 인사말을 쓸 때는 이렇게 말하였다. "지극히 공경하올 아버지께, 또는 온 세상의 주교인 우골리노 님께." 실제로 프란치스코는 일찍이 들어 본 일이 없는 축복으로 자주 그 주교에게 인사를 드렸다. 그리고 비록 효성스러운 아들처럼 그에게 매여 있었지만 때때로 성령의 이끄심으로 아버지다운 말로 그를 위로하였다(토마스 첼라노, 「1첼라노」 100).

프랑스 형제들에게 보낸 편지

그 무렵 마르티노 바르토나 형제도 영국에 왔다. 그는 복되신 프란치스코를 자주 볼 수 있는 복이 있었다. 그는 후에 영국의 관구봉사자 대리가 되었고 또한 많은 책임을 훌륭하게 수행하였다. 그는 프란치스코께서 총회를 위하여 지은 집을 부수라고 명하셨던 그 총회에 오천 명의 형제들이 참여했다고 이야기하였다. 그리고 자기 친형제가 그 총회의 책임자였고 시 이름으로 집을 보호했다고 말하였다. 복되신 프란치스코께서는 비가 오는데 밖에 서서 젖지 않은 채로 자기 손으로 편지를 써서 그것을 자기를 통하여 프랑스 봉사자와 형제들에게 보내셨고, 그 편지를 보고 형제들은 매우 기뻐하며 다음과 같이 삼위일체 하느님을 찬미하였다. "성부와 성자와 성령을 찬미합시다"(토마스 에클레스톤, 『작은 형제들이 영국에 들어온 이야기』, A. G. 리틀 - J. 무어만 편집, 맨체스터, 1951, 32).

볼로냐 시민들에게 쓴 편지

또 그[마르티노 바르토나 형제]는 브레시아에서 주님의 성탄절에 어떤 형제가 기도하고 있을 때 지진이 일어났다고 이야기하였다. 이 지진은 성 프란치스코께서 서툰 라틴어로 쓴 편지로 예언하셨고, 형제들을 통하여 볼로냐의 모든 학교에 전하도록 하셨다. 교회는 무너졌고, 그 형제는 돌무더기 속에서 상처를 입지 않은 채로 발견되었다. 이 지진은 페데리코가 일으킨 전쟁에 앞서 일어났으며 40일 동안 계속되었고, 이 지진으로 롬바르디아 지방의 모든 산들이 흔들렸다(토마스 에클레스톤, 『작은 형제들이 영국에 들어온 이야기』, 32).

단식에 관하여
클라라와 자매들에게 쓴 편지

29 그대가 나에게 일전에 의견을 물었던 것에 관하여, 30 즉, 지극히 영화로운 우리 사부 성 프란치스코께서 여러 가지 음식을 들면서 특별히 경축하라고 우리에게 권하신 축일들이 어느 축일들인지에 대해 — 그대가 어느 정도 짐작하고 있겠지만 — 사랑하는 그대에게 응답해야겠다고 생각했습니다. 31 슬기로운 그대는 이렇게 알고 있으십시오. 그분께서 우리가 온갖 분별력을 다 발휘하여 어떤 종류의 음식이든지 챙겨 주라고 우리에게

권하고 명하신 허약하고 앓는 자매들 외에, 32 건강하고 튼튼한 우리는 누구나 매일 단식하면서 평일에든 축일에든 사순절 음식만 먹어야 합니다. 33 주일과 주님의 성탄날에는 예외로 하루에 두 끼를 먹을 것입니다. 34 그리고 또한 평상시 목요일에는 각자의 뜻에 맡겨져 있으며, 원하지 않는 사람은 단식할 의무가 없습니다. 35 그럼에도 건강한 우리들은 주일과 성탄날을 제외하고 매일 단식을 하고 있습니다. 36 그렇지만 복되신 프란치스코의 글에 적혀 있듯이 모든 파스카와, 성모님 및 거룩한 사도들 축일에는 그 날이 금요일이 아니라면 우리도 단식할 의무가 없습니다. 37 그리고 위에서 말한 대로, 건강하고 튼튼한 우리는 늘 사순절 음식을 먹고 있습니다(아씨시의 클라라, 「3아녜스 편지」, 29-37).

클라라와 자매들에게 글로 보낸 축복

복되신 프란치스코께서 [이 세상을 떠난] 그 주간에 자매들의 수도회의 첫 번째 작은 나무인 클라라 자매가 … 병을 심하게 앓으면서, 복되신 프란치스코보다 먼저 죽는 것이 두려워 쓰라린 마음으로 흐느껴 울었고 어떤 위로도 쓸모가 없었다. 왜냐하면 하느님 다음으로 하나뿐인 아버지 복되신 프란치스코, 즉 그녀의 육신과 정신의 위로자였고 그녀를 하느님 은총 안에 살게 해 준 첫 사람인 그를 그녀가 죽기 전에 볼 수 없었기 때문이다. 그래서 한 형제를 통하여 이를 프란치스코에게 알렸다….

그러나 복되신 프란치스코께서는 둘 다 심하게 앓고 있었기 때문에, 그녀가 바라는 것, 즉 자신을 보려는 것이 그 때에는 불가능한 것을 아시고, 그녀를 위로하기 위하여 편지를 통하여 축복을 써 보냈으며, 당신의 명과 뜻을 거슬러, 그리고 하느님 아드님의 명과 뜻을 거슬러, 만일 잘못을 했다면, 그런 모든 잘못을 용서해 주었다. 뿐만 아니라 클라라가 모든 슬픔을 이겨 내고, 주님 안에서 위로를 받도록, 성인이 아니라 그 안에 계시는 하느님의 영께서 클라라 자매가 보낸 그 형제에게 이렇게 말씀하셨다. "가서 이 편지를 클라라 자매에게 전하십시오. 그리고 지금 나를 볼 수 없다고 너무 괴로워하고 슬퍼하지 말라고 이르십시오. 클라라가 죽기 전에 확실히, 그녀는 물론 자매들까지 나를 다시 보게 될 것이고 나로부터 가장 큰 위로를 받으리라는 것을 알라고 하십시오"(「아씨시 편집본」 13; 참조: 「완덕의 거울」 87).

야고바 부인에게 쓴 편지

　　프란치스코께서 성 마리아 수도원에 도착하여 병석에 누우셨을 때 동료 하나를 불러 말씀하셨다. "사랑하는 형제여, 나는 그 날이 오기 전에 이 병으로 죽을 것이라고 주님께서 나에게 알려 주셨습니다. 그대는 우리 형제회에 정성과 사랑을 바치는 야고바 세테솔리 부인이, 이 곳에 오지 않고 나의 죽음에 관하여 알게 되면, 위로받을 수 없는 큰 슬픔에 휩싸이게 될 것이라는 것을 알고 있습니다. 그러므로 당황하지 말고 그에게 내가 살아 있는 동안 나를 보려거든 곧바로 아씨시로 오라고 알리십시오." 그는 대답하였다. "잘 말씀하셨습니다, 아버지. 당신께 지닌 큰 정성으로 보아 그녀가 당신의 임종을 지키지 못한다면 마음이 몹시 편치 않을 것입니다." 그러자 복되신 프란치스코께서 말씀하셨다. "나에게 종이와 펜을 가져오십시오. 그리고 내가 그대에게 말하는 대로 적으십시오." 그러자 그는 받아쓰기 시작하였다.

　　1 지극히 높으신 분의 종인 야고바 부인, 그리스도의 보잘것없는 사람 프란치스코 형제가 주 예수 그리스도 안에서 인사와 성령의 친교를 전합니다. 2 사랑하는 그대여, 복되신 그리스도께서 당신 은총으로 내 생애의 마지막이 다가왔음을 알려 주셨습니다. 3 그러므로 이 편지를 보고 내가 살아 있을 때 나를 보기를 바라면 천사들의 성 마리아 수도원으로 서둘러 오십시오. 4 어느 날까지 오지 않으면 살아 있는 나를 볼 수 없을 것입니다. 5 그리고 수의로 쓸 아마포 천과 장례 때 쓸 초도 가져오십

시오. 6 또한, 부탁하니 내가 로마에서 병을 앓을 때 자주 주었던 과자를 가져오십시오.

이러한 내용을 쓰고 있는 동안 성 프란치스코에게 성령께서 야고바 부인이 그에게 오고 있으며 그가 말한 모든 것을 가져오고 있음을 알려 주셨다. 그래서 곧바로 받아 적고 있는 형제에게 말씀하셨다. "더 이상 적지 마십시오. 그럴 필요 없습니다. 편지도 한쪽에다 두십시오." 그러자 편지를 다 쓰지 못하게 한 사실을 두고 모두 놀랐다. 보라. 시간이 조금 지난 뒤 야고바 부인이 문을 두드리고 있었다. 문지기 형제가 나가 보니 위에서 말한 로마 귀족인 야고바 부인이 의원인 두 아들과 함께 많은 군대의 호위를 받으며 서 있었다. 성 프란치스코를 찾아왔던 것이다. 그 부인은 성 프란치스코께서 편지에 적으셨던 모든 것을 가지고 왔다(「행적」 18,14-23).

[아씨시 클라라의 글]

제1부

편지들

프라하의 아녜스에게 보낸 편지 1

1 지극히 위대하고 탁월한 보헤미아 임금님의 따님인 공경하올 지극히 거룩하신 동정녀 아녜스 공주님께, 2 예수 그리스도의 부당한 몸종이자 성 다미아노 봉쇄 수도원 자매들의 쓸모없는 시녀이며, 어디에 있든지 공주님의 하녀요 시녀인 클라라가 당신께 각별한 공경과 더불어 저 자신을 온전히 바치며 공주님이 영원한 행복의 영광을 얻으시게 되기를 기원합니다(참조: 집회 50,5).

3 저에게만이 아니라 거의 온 세상에 잘 알려진 공주님의 거룩한 품행과 삶에 대한 지극히 고결한 명성을 듣고, 저는 "주님 안에서" 몹시 "즐거워하며" "기뻐합니다"(하바 3,18). 4 이는 저 혼자만이 아니라 예수 그리스도를 섬기는 이들과 또 섬기려고 하는 모든 이들이 기뻐할 만합니다. 5 그것은 공주님이 당신과 그 유명한 황제의 신분에 어울리게 그 황제와 호화롭게 합법적으로 혼인할 수 있었고 그 누구보다도 영화와 영예 그리고 세속의 위엄을 더 누릴 수 있었지만, 6 이 모든 것을 물리치고 오히려 마음과 몸을 다하여 지극히 거룩한 가난과 육신의 궁핍을 선택하고, 7 당신

의 동정성을 흠도 티도 없이 늘 지켜 주실 더 고귀한 신분의 정배이신 주 예수 그리스도를 맞아들였기 때문입니다.

8 그분을 사랑할 때 그대는 정결하고,

그분을 만질 때 그대는 더욱 깨끗해지며,

그분을 맞아들일 때 그대는 동정녀입니다.

9 그분 힘은 더없이 세며, 너그러우심은 드높고,

그분 모습은 한없이 아름다우며, 사랑은 끝없이 감미롭고,

모든 자태는 그지없이 우아합니다.

10 그대는 이미 그분 품 안에 들었으니,

그분은 그대 가슴을 보석으로 꾸미셨고,

그대의 귀에 값진 진주를 걸어 주셨습니다.

11 또한, 그분은 그대를 온통

봄날같이 화려하고 반짝이는 보옥으로 둘러 주셨고,

그대의 머리에 "성덕의 표지가 새겨진 금관"(집회 45,12)을 씌워 주셨습니다.

12 그러니 지극히 사랑하는 자매, 아니, 나의 주 예수 그리스도의 정배요 어머니요 자매이기에 온갖 경의를 받아 마땅한 주인이시며(참조: 2코린 11,2; 마태 12,50), 13 누구도 손상시킬 수 없는 동정성과 지극히 거룩하신 가난의 깃발로 지극히 영롱하게 꾸며진 이여, 십자가에 못 박힌 가난하신 분께 대한 불타는 열망으로 당신

이 시작한 거룩한 일에 매진하십시오. 14 그분은 첫 조상이 범한 죄의 결과로 사슬로 묶여 있던 "우리를 어둠의" 우두머리의 "권세로부터 구해 내시고"(콜로 1,13), 하느님 아버지와 "우리를 화해시키려고"(2코린 5,18), 우리 모두를 위해서 "십자가의" 수난을 "감수하셨습니다"(히브 12,2).

15 오, 복된 가난이여,

　　가난을 사랑하고 받아들이는 이들에게

　　영원한 부富를 주리니!

16 오, 거룩한 가난이여,

　　가난을 지니고 열망하는 이들에게

　　하느님께서 하늘 나라를(참조: 마태 5,3) 약속하시고

　　의심할 여지 없이 영원한 영광과 복된 생명을 베푸시니!

17 오, 경건한 가난이여,

　　하늘과 땅을 다스렸고 또 다스리시며

　　"말씀으로" 만물을 "지어 내신"(시편 33,9; 148,5)

　　주 예수 그리스도께서

　　무엇보다도 먼저 그대를 품으실 만하였으니!

18 사실, 그분은 "여우들도 굴이 있고 하늘의 새들도 보금자리가 있지만, 사람의 아들", 곧 그리스도께서는 "머리를 기댈 곳조차 없다"(마태 8,20; 루카 9,58)고 하시고는, "고개를 숙이시며 숨을 거

두셨습니다"(요한 19,30).

19 그러므로 이토록 위대하신 주님께서 동정녀의 태중에 오시면서 세상에서는 하찮고 궁핍하고 가난하게 보이려 하셨다면, 20 그것은 천상 양식에 한없이 굶주림을 겪고 있는 지극히 가난하고 궁핍한 사람들이 하늘 나라를 얻음으로써 그분 안에서 부요한 사람들이 되게 하시려는 것이었으니, 21 당신은 넘치는 즐거움과 영적인 기쁨으로 충만하여, 기뻐 용약하며 즐거워하십시오(참조: 하바 3,18). 22 왜냐하면 당신은 영예보다 이승의 멸시를, 지상의 부보다 가난을 택하셨고, 23 땅이 아니라 "좀도 녹도" 그것을 "망가뜨리지 못하고, 도둑들이 뚫고 들어오지도 못하며 훔쳐 가지도 못하는"(마태 6,20) 하늘에다 보물을 쌓기로 하셨으니, "하늘에서 당신이 받으실 상은 클 것"(마태 5,12)이며, 24 당신은 지극히 높으신 성부의 아드님과 영화로우신 동정녀의 자매요 정배요 어머니라 불릴 만하셨기 때문입니다(참조: 2코린 11,2; 마태 12,50).

25 사실, 저는 당신이 오직 가난한 이에게만 주님께서 하늘 나라를 약속하고 주신다는 것을 알고 계시리라 굳게 믿고 있습니다(참조: 마태 5,3). 현세적인 것을 사랑하는 사람은 사랑의 열매를 잃게 될 것이기 때문입니다. 26 "아무도 하느님과 재물을 아울러 섬길 수 없습니다." 이는 "한쪽은 미워하고 다른 쪽은 사랑하며, 한쪽은 떠받들고 다른 쪽은 업신여기게 되기"(마태 6,24) 때문입니다.

27 그리고 옷을 입은 사람은 붙잡힐 데가 있어서 더 빨리 땅에 내동댕이쳐지기 때문에 알몸인 사람과는 싸움이 되지 않습니다. 또한, 이승에서 영화를 누리고 살다가 저승에서 그리스도와 함께 다스릴 수가 없습니다. 28 부자가 하늘 나라에 올라가기보다 낙타가 먼저 바늘귀로 빠져나가게(참조: 마태 19,24) 될 것이기 때문입니다. 29 그러므로 싸움을 걸어오는 자에게 절대로 지지 않고 험한 길과 좁은 문으로 하늘 나라에 들어갈 수 있기 위해(참조: 마태 7,13-14), 공주님은 옷, 즉 현세의 재물들을 내던지신 것입니다.

30 이 얼마나 크고 찬양할 만한 교환인가!

영원한 것을 위해 현세적인 것을 버리고,

지상의 것 대신에 천상의 것을 받으며,

하나 대신 백배를 받고

복되고 영원한 생명을 얻게 되나니!(참조: 마태 19,29)

31 그래서 저는 그리스도의 애정 안에서(참조: 필리 1,8), 제가 할 수 있는 만큼, 보잘것없는 기도로써, 지극히 뛰어나고 거룩한 당신께 그분을 거룩히 섬기는 일에 더욱 매진하시어, 32 선에서 더 나은 선으로, 덕에서 덕으로(참조: 시편 83,8) 더욱 나아감으로써 공주님이 온갖 원의와 마음을 다해 섬기는 그분께서 공주님께 바라시는 상급들을 풍성하게 내려 주시도록 간청드려야겠다고 생각하였습니다. 33 또한 쓸모없지만 당신의 몸종인 저와 이 수도원에서

저와 함께 살고 있는 다른 자매들, 곧 우리를 열렬히 따르는 자매들을 당신의 거룩한 기도 중에(참조: 로마 15,30) 간절히 기억해 주시기를 주님 안에서 부탁드립니다. 34 이 기도의 도움으로 저희들은 예수 그리스도의 자비를 입어 당신과 함께 영원한 복락을 누리게 될 것입니다.

 35 주님 안에서 안녕히 계십시오. 그리고 저를 위해 기도해 주십시오(참조: 1테살 5,25).

프라하의 아녜스에게 보낸 편지 2

1 임금들의 임금이신 분의 따님이고 주님들의 주님이신 분(참조: 묵시 19,16; 1티모 6,15)의 시녀이며 예수 그리스도의 지극히 합당한 정배이고, 그 때문에 지극히 고귀한 여왕이신 아녜스 공주님께, 2 가난한 자매들의 쓸모없고 부당한 시녀인 클라라가 인사하며 지극히 높은 가난 안에 늘 생활하시기를 빕니다.

3 "온갖 훌륭한 은혜와 모든 완전한 선물"(야고 1,17)이 그분께로부터 흘러나온다고 우리가 믿는, 은총을 베푸시는 분께 나는 감사를 드립니다. 그분께서 그대를 수많은 덕행으로 꾸며 주시고 수많은 완덕의 표지들로 빛나게 해 주셨기 때문입니다. 4 그리하여 그대가 완전하신 아버지를 충실히 닮는 사람이 되고 마땅히 완전하게 되어(참조: 마태 5,48), 그분이 당신 눈으로 그대 안에서 그 어떠한 불완전함도 발견하실 수가 없게 되었습니다(참조: 시편 139,16).

5 이 완덕은, 뭇 별들의 어좌에 영광스럽게 앉아 계신 임금님께서 몸소 천상 신방에서 그대와 하나가 되게 하는 그 완덕입니다. 6 그것은 그대가 이 세상 나라의 높은 지위를 멸시하고 황제

의 청혼을 하찮게 여기며, 7 크나큰 겸손과 불타는 사랑의 정신으로 지극히 거룩한 가난을 열망하여, 마땅히 혼인으로 일치될, 그분의 발자취에 매달리셨기 때문입니다.

8 그러나 나는 그대가 여러 덕으로 꾸며져 있음을 알고 있기에, 장황한 말을 피하여 불필요한 말로 공주님을 부담스럽게 하고 싶지 않습니다. 9 비록, 그대는 불필요한 것에서조차 위안을 끌어낼 수 있겠지만 말입니다. 10 그렇지만 "필요한 것은" 정작 "하나뿐"(루카 10,42)이니, 그대 자신을 거룩하고 마음에 드는 제물로(참조: 로마 12,1) 바쳐 드린 그분께 대한 사랑 때문에, 나도 한 가지만을 그대에게 당부하고 권고합니다. 11 제2의 라헬처럼(참조: 창세 29,18.20.30) 그대의 결심을 잊지 말고 그대의 처음 생각을 늘 의식하면서,

    지금 붙잡고 있는 것을 꼭 붙잡으시고,

    하고 있는 일을 놓지 말고 행하십시오(참조: 아가 3,4).

12 그렇지만 재빠르고 가벼운 발걸음으로

    발이 돌에 걸려 넘어지지 않도록 하여

    그대의 발걸음이 먼지조차 일으키지 않도록 하십시오.

13 안전하면서도 즐겁고 활기차게

    행복의 오솔길로 조심스레 나아가십시오.

14 주님의 영께서 그대를 불러 주신 그 완덕에 따라

"지극히 높으신 분께

그대의 서원을 바치지"(시편 50,14) 못하도록,

그대의 결심을 멎게 하고,

그대의 길에 걸림돌을 놓는(참조: 로마 14,13),

그 누구도 믿지 말며,

그 누구에게도 동의하지 마십시오.

15 그런데 이 점에 있어서 주님의 계명 길을(참조: 시편 119,32) 더 안전하게 걸을 수 있도록, 공경하올 우리 아버지이신 총봉사자, 우리 엘리야 형제의 조언을 따르십시오. 16 그분의 조언을 다른 이들의 조언보다 더 존중하고 그것을 최고의 선물로 소중하게 여기십시오.

17 만일, 누가 그대의 완덕에 장애가 되고

거룩한 부르심에 반대되는 것으로 보이는

다른 것을 그대에게 말하고

다른 것을 제시하면,

그를 공경은 해야겠지만

그 조언을 따르지 마십시오.

18 오히려, 가난한 동정녀여,

가난하신 그리스도를 포옹하십시오.

19 그대를 위해 천대받으신 그분을 바라보며 그대도 이 세상에

서 그분을 위해 천대받는 자 되어 그분을 따르십시오. 20 지극히 고귀하신 여왕이여, "인간의 아들들 가운데 가장 아름다우신 분이"(시편 45,3) 그대의 구원을 위해 인간들 가운데 가장 비천한 자가 되시어 멸시받고 얻어맞고 온몸에 갖가지 방법으로 매질 당하여 십자가의 참혹한 고뇌 가운데 죽어 가시는 그대의 정배를 닮기를 갈망하면서, 그분을 응시하고, 그분을 깊이 생각하고, 그분을 관상하십시오.

21 그대가 그분과 함께 고통을 겪으면

그분과 함께 다스릴 것이고,

그분과 함께 슬퍼 울면 그분과 함께 즐거워하게 될 것이고,

수난의 십자가 안에서

그분과 함께 죽으면(참조: 2티모 2,11.12; 로마 8,17)

"성인들의 광채 안에서"(시편 110,3)

그분과 함께 천상 거처를 얻게 될 것입니다.

22 또한, 그대의 "이름이 (생명의) 책에"(필리 4,3; 묵시 3,5) 기록되어

훗날 사람들 가운데서 영광을 누릴 것입니다.

23 그리하여 그대는 지상적이고 지나가는 사물 대신에 하늘 나라의 영광을, 썩어 없어질 재물 대신에 영원한 보물을 영원히 차지할 것이며, 무궁토록 살게 될 것입니다.

24 그대의 정배이신 주님 때문에 지극히 사랑하올 자매요 주

인이여, 안녕히 계십시오. 25 그리고 주님이 그대 안에서 당신 은 총으로 이루시는 선을 즐거워하는 저와 저의 자매들을 그대의 열심한 기도 안에서 주님께 전구해 주십시오(참조: 사도 14,23). 26 그대의 자매들에게도 우리 안부를 많이 전해 주십시오.

프라하의 아네스에게 보낸 편지 3

1 그리스도 안에서 지극히 공경하올 나의 주인이시고, 모든 사람보다 앞서 사랑하올 자매이시며, 보헤미아의 그 유명한 임금님의 친자매이지만 이제 천상의 지존하신 임금님의 자매요 정배가 되신 아녜스 자매님께(참조: 마태 12,50; 2코린 11,2),

2 그리스도의 가장 비천하고 부당한 시녀이며 가난한 자매들의 여종인 클라라가 구원을 이루어 주신 그분 안에서(참조: 히브2,10) 구원의 기쁨들을 누리시고 바랄 수 있는 것 이상의 소원이 모두 이루어지기를 빕니다.

3 나는 그대의 건강과 행복한 상태와 순조로운 진전에 대하여 듣고 그대가 하늘의 상을 얻기 위해 시작한 여정에 힘차게 나아가고 있다고 생각하기에 몹시 기뻐하며, 4 또한 가난하고 겸손하신 예수 그리스도의 발자취를 닮음에 있어 나와 다른 자매들의 약점을 그대가 놀라울 만큼 보충해 주고 있음을 알고 또 그렇게 여기면서 주님 안에서 몹시 즐거워하고 있습니다.

5 나는 참으로 기뻐할 수 있으며, 그 누구도 이 큰 기쁨을 나

에게서 앗아 가지 못할 것입니다. 6 그것은 내가 그토록 하늘 아래서 바랬던 것을 이미 붙잡았고 그대도 하느님 자신의 입에서 흘러나온 놀라운 지혜의 특별한 선물의 도움을 받아 놀랍고도 생각지 못할 방법으로 교활한 원수의 간계, 인간 본성을 허물어뜨리는 교만, 인간 마음을 빼앗아 가는 헛됨을 물리치고 있음을 내가 보고 있기 때문입니다. 7 또한, 나는 그대가 겸손과 믿음의 힘과 가난의 팔로, 이 세상과 인간의 마음의 밭에 숨어 있는 보물(참조: 마태 13,44), 그로써 무無에서 모든 것을 만드신(참조: 요한 1,3) 분을 살 수 있는 비할 데 없는 그 보물을 감싸 안고 있음을 보고 있기 때문입니다. 8 또한, 사도의 말씀을 빌린다면, 나는 그대를 하느님 자신의 협력자이며, 그분의 형언할 수 없는 몸의 넘어지는 지체들을 떠받치는 이로 여기고 있기 때문입니다.

9 그러니 내가 이토록 크고도 놀라운 기쁨을 누리지 말라고 누가 말할 수 있겠습니까? 10 그러니 지극히 사랑하는 자매여, 그대도 "주님 안에서 늘 기뻐하십시오"(필리 4,4). 11 오, 그리스도 안에서 지극히 사랑하올 주인이요 천사들의 기쁨이요 자매들의 화관이여(참조: 필리 4,1), 쓰라림도 우울함도 그대를 덮치지 못하게 하십시오.

12 그대의 정신을 영원의 거울 안에 놓으십시오.

그대의 영혼을 영광의 광채(참조: 히브 1,3) 안에 두십시오.

13 그대의 마음을 하느님 본질의 형상(참조: 히브 1,3) 안에 두고 관상觀想을 통하여 그대 자신 전부를 그분 신성神性의 모습으로 변화시키십시오(참조: 2코린 3,18).

14 그리하면 그대도 하느님께서 몸소 당신을 사랑하는 사람들을 위해서 처음부터 마련해 두신 숨겨진 감미로움을(참조: 시편 30,20) 맛보면서 그분의 벗들이 느끼는 것을 느끼게 될 것입니다. 15 또한, 그대는 이 거짓되고 혼란스러운 세상에서 세상을 사랑하는 눈먼 자들에게 올가미를 씌우는 모든 것들을 완전히 떨쳐 버리고, 그대에 대한 사랑 때문에 당신 자신 전부를 내어 주신 그분을 온전히 사랑하십시오. 16 그분의 아름다움은 해와 달이 경탄敬歎하고, 그분이 주시는 상급과 그 상급의 고귀함과 "위대함은 끝이 없습니다"(시편 144,3). 17 나는 지극히 높으신 분의 아드님을 두고 말합니다. 동정녀께서 그분을 낳으셨고, 낳으신 다음에도 동정녀로 남으셨습니다. 18 그대는 하늘도 담을 수 없는(참조: 1열왕 8,27) 그런 아드님을 낳으신 그분의 지극히 감미로우신 어머니께 매달리십시오. 19 동정녀께서는 당신의 거룩한 태중인 작은 봉쇄 안에 그분을 모셨고, 처녀의 품으로 안으셨습니다.

20 일시적인 것들과 기만적인 영광들의 방자함으로 하늘보다 더 위대한 것을 무화無化시키려는, 인간의 원수의 함정을 누가 혐오하지 않겠습니까? 21 그렇습니다. 이제 하느님의 은총으로, 모

든 피조물 가운데 가장 고귀한, 믿는 이의 영혼이 하늘보다 더 위대하다는 것은 분명합니다. 22 하늘들과 모든 피조물을 다 합쳐도 그 창조주를 담을 수 없지만(참조: 2역대 2,6; 1열왕 8,27), 오직 믿는 영혼만이 그분의 거처이고 자리이기 때문입니다. 이는 믿지 않는 이들에게는 없는, 사랑만으로 이루어집니다. 23 그래서 진리께서 말씀하십니다. "나를 사랑하는 사람은 내 아버지께 사랑을 받을 것이며, 나 또한 그를 사랑하고, 우리가 그에게 가서 그와 함께 살 것이다"(요한 14,21.23).

24 그러므로 동정녀들 중에 영화로우신 동정녀께서 육신으로 그분을 품으셨듯이, 25 그대도 그분의 발자취, 특히 그분의 겸손과 가난의 발자취를 따른다면(참조: 1베드 2,21) 의심할 여지 없이 그대의 순결한 동정의 몸 안에서 영적으로 그분을 항상 품을 수 있습니다. 26 그리하여 그대와 모든 사물들을 담으시는 분을 그대가 담을 것이며(참조: 지혜 1,7; 콜로 1,17), 이 세상의 덧없는 다른 어떤 소유물보다 더욱 확실하게 가질 수 있는 것을 갖게 될 것입니다. 27 이 세상의 어떤 임금들과 여왕들은 여기에 속아 넘어갑니다. 28 비록, "그들의 교만이 하늘까지 이르고 그들의 머리가 구름까지 닿는다 해도, 마침내 그들은 제 오물처럼 영원히 사라져 버릴 것입니다"(욥 20,6-7).

29 그대가 나에게 일전에 의견을 물었던 것에 관하여, 30 즉

지극히 영화로운 우리 사부 성 프란치스코께서 여러 가지 음식을 들면서 특별히 경축하라고 우리에게 권한 축일들이 어느 축일들인지에 대해 — 그대가 어느 정도 짐작하고 있겠지만 — 사랑하는 그대에게 응답해야겠다고 생각했습니다. 31 슬기로운 그대는 이렇게 알고 있으십시오. 그분께서 우리가 온갖 분별력을 다 발휘하여 어떤 종류의 음식이든지 챙겨 주라고 우리에게 권하고 명하신, 허약하고 앓는 자매들 외에, 32 건강하고 튼튼한 우리는 누구나 매일 단식하면서 평일에든 축일에든 사순절 음식만 먹어야 합니다. 33 주일과 주님의 성탄날에는 예외로 하루에 두 끼를 먹을 것입니다. 34 그리고 또한 평상시 목요일에는 각자의 뜻에 맡겨져 있으며, 원하지 않는 사람은 단식할 의무가 없습니다. 35 그럼에도 건강한 우리들은 주일과 성탄날을 제외하고 매일 단식을 하고 있습니다. 36 그렇지만 복되신 프란치스코의 글에 적혀 있듯이 주님의 모든 대축일과 성모님 및 거룩한 사도들 축일에는 그 날이 금요일이 아니라면 우리도 단식할 의무가 없습니다. 37 그리고 위에서 말한 대로, 건강하고 튼튼한 우리는 늘 사순절 음식을 먹고 있습니다.

38 하지만 우리의 "육신이 무쇠로 되어 있지도 않고", 우리 "힘이 바위 같지도 않기에"(욥 6,12), 39 아니 오히려 우리는 연약하고 온갖 육신적 나약함으로 기울어지기에, 40 사랑하는 자매여,

나는 그대가 무분별하고 불가능하게 재를 지켜 왔다고 알고 있는데, 지혜롭고 분별 있게 지나친 엄격함을 피하라고 주님 안에서 그대에게 부탁하고 요청하는 바입니다. 41 그리하여 살아서 주님을 찬양하고(참조: 이사 38,19; 집회 17,27), 주님께 영적인 예배를 드리며(참조: 로마 12,1), 그대의 희생 제물을 항상 소금으로 맛을 내어 바치십시오(참조: 레위 2,13; 콜로 4,6).

42 내가 주님 안에서 잘 지내기를 바라는 듯이, 그대도 늘 주님 안에서 잘 지내십시오. 그리고 나와 나의 자매들을 그대의 거룩한 기도 중에 기억해 주십시오.

프라하의 아녜스에게 보낸 편지 4

1 내 영혼의 반쪽이요 내 마음의 특별한 사랑의 보석함이며 빼어난 여왕이고 영원한 임금님이신 어린양의 정배이며 나의 극진히 사랑하는 어머니이고 모든 딸 중에서 특별한 딸인 아녜스 자매님께, 2 그리스도의 부당한 종이며 아씨시 성 다미아노 수도원에서 기거하는 그분의 시녀들 가운데 쓸모없는 시녀인 클라라가, 3 인사를 드리며, 그대가 다른 지극히 거룩한 동정녀들과 함께 하느님과 어린양의 옥좌 앞에서 "새로운 노래를 부르고", "어린양이 가는 곳이면 어디든지 따라다니기"(묵시 14,3-4)를 기원합니다.

4 오, 어머니며 딸이여, 모든 세기의 임금이신 분의 정배여(참조: 마태 12,50; 2코린 11,2), 그대와 나의 영혼이 똑같이 원하고 또 간절히 바라고 있듯이, 그만큼 자주 그대에게 편지를 못 해 드렸지만 너무 이상하게 생각하지 마십시오. 5 그리고 그대를 향한 사랑의 불이 그대의 어머니 가슴속에서 전보다 달콤하게 타오르지 못한다고 행여 생각하지 마십시오. 6 소식을 전해 줄 사람이 없었다는 것과 길이 너무 위험했다는 것이 바로 장애물이었습니다. 7 그

러나 이제 사랑하는 그대에게 편지를 쓰면서, 오, 그리스도의 정배여, 나는 그대와 더불어 영의 즐거움으로(참조: 1테살 1,6) 기뻐 뛰놀고 있답니다. 8 왜냐하면 또 다른 지극히 거룩한 동정녀인 성녀 아녜스처럼, 그대도 이 세상의 모든 헛된 것을 버리고 "세상의 죄를 없애신"(요한 1,29) "흠 없는 어린양"(1베드 1,19)과 놀랍게도 혼인하였기 때문입니다.

9 그분께 온 마음을 다 바쳐

   이 거룩한 잔치를 누리게 된 여인은

   정녕 복됩니다.

10 그분의 아름다움을

   천상의 모든 복된 무리가 끝없이 경탄하며,

11 그분의 애정은 매료시키고

   그분의 관상은 생기를 주며

   그분의 어지심은 채워 줍니다.

12 그분의 감미로움은 가득 채워 주며

   그분의 기억은 동트듯 부드럽게 빛납니다.

13 그분의 향기에 죽은 이들이 다시 살아나고,

   그분의 영광스러운 뵈옴은

   천상 예루살렘 시민들을 모두 복되게 할 것입니다.

14 그분은 영원한 "영광의 광채이시고"(히브 1,3),

   "영원한 빛의 광채며

티 없는 거울이십니다"(지혜 7,26).

15 오, 여왕이시여, 예수 그리스도의 정배시여, 이 거울을 매일 들여다보고 계속해서 그 안에서 당신 얼굴을 살펴보십시오. 16 그리하여 갖가지 장식으로 휘감고 차려 입어(참조: 시편 45,10) 안팎으로 속속들이 단장하고, 17 지극히 높으신 임금님의 딸이요 사랑스러운 정배에게 어울리는 온갖 덕행의 꽃과 옷으로도 치장하십시오. 18 사실, 하느님의 은총으로 그대가 거울 전체에서 관상할 수 있는 것처럼, 이 거울 안에는 복된 가난과 거룩한 겸손과 형언할 수 없는 사랑이 찬란히 빛납니다.

19 나는 말합니다. 이 거울의 첫 부분을 보면서, 포대기에 싸여 구유에 누워 계신(참조: 루카 2,12) 그분의 가난을 주의 깊게 바라보십시오. 20 오, 감탄하올 겸손이여, 오, 놀라운 가난이여! 21 천사들의 임금이시고 하늘과 땅의 주님께서(참조: 마태 11,25) 구유에 누여져 있습니다. 22 그 다음, 거울의 가운데를 보시고 겸손과 적어도 복된 가난을, 인류를 속량하기 위하여 그분이 겪으신 무수한 수고와 고생을 깊이 생각하십시오. 23 이 거울의 맨 끝을 보시고 말할 수 없는 사랑을 관상하십시오. 그분은 이 사랑 때문에 십자나무 위에서 고통당하시고 거기서 가장 수치스러운 죽음을 맞이하기를 원하셨습니다.

24 바로 이 거울 친히 십자 나무에 달리셔서 행인들에게 여기에 생각해 볼 것이 있다고 권하시며 이렇게 말씀하십니다. 25 "오,

길을 지나가는 모든 이들이여, 살펴보고 또 보십시오. 내가 겪는 이 내 아픔 같은 것이 또 있는지"(애가 1,12). 26 그러므로 "이것을 내 마음에 깊이 새기고, 내 영혼은 내 안에서 갈기갈기 찢어지리이다"(애가 3,20) 하시며 외치시고 울고 계신 그분께 한 목소리, 한 마음으로 응답합시다. 27 그리하여, 오, 천상 임금의 왕후시여, 그대 안에 이 사랑의 불이 날로 더 활활 타오르면 합니다!

28 더 나아가 그분의 표현할 수 없는 즐거움과 부요와 끝없는 영예를 관상하면서, 29 그리고 마음의 넘치는 갈망과 사랑으로 그리워하면서 이렇게 외치십시오.

30 천상의 정배이시여,

"나를 이끌어 당신을 뒤따르게 하소서.

우리는 당신의 향유 내음을 좇아 달려가리이다!"(아가 1,3).

31 "포도주 방으로 나를 데려가실 때까지"(아가 2,4)

지침 없이 달려가리이다.

32 당신 "왼팔을 내 머리에 베게 하시고",

당신 "오른팔로 나를" 행복하게 "안아 주시고"(아가 2,6),

당신 "입술로" 더없이 행복한 "입맞춤을 해 주실"(아가 1,1)

때까지!

33 이런 관상에 빠져 있을 때, 이 가련한 그대의 어머니를 기억해 주십시오. 34 그리고 내가 그대를 다른 누구보다도 더 소중히 생각하면서 그대에 대한 행복한 기억을 내 마음의 판에 굳게

새겨 놓았음을 아십시오(참조: 잠언 3,3; 2코린 3,3).

35 무엇을 더 말하겠습니까? 그대에 대한 애정 안에서 육신의 혀는 입을 다물고, 오히려 영의 혀가 말하고 이야기합니다. 36 오, 복된 딸이여, 그대를 향한 나의 애정을 육신의 혀로는 흡족히 표현할 수 없지만, 부족하게나마 이 편지를 통해 말할 수 있기에, 37 너그럽고 어진 마음으로 이 편지를 받아 주시고, 이 글에서 적어도 그대와 그대의 딸들에 대한 사랑의 불길 안에서 날마다 타오르는 어머니의 애정을 생각해 보시기를 바랍니다. 그리고 그대의 딸들에게 그리스도 안에서 나와 나의 딸들을 기억해 주기를 간절히 부탁드립니다. 38 이 나의 딸들, 특히 나의 친자매인 지극히 지혜로운 동정녀 아녜스가, 할 수 있는 데까지 주님 안에서 그대와 그대의 딸들을 기억하고 있습니다.

39 지극히 사랑하는 딸이여, 위대하신 하느님의 영광스러운(참조: 티토 2,13) 옥좌에서 만날 때까지 그대의 딸들과 함께 안녕히 계시고 우리를 위해서 기도해 주십시오(참조: 1테살 5,25).

40 이 편지로 내가 할 수 있는 데까지, 이 편지를 전해 줄 우리의 지극히 사랑하는 형제들, 곧 하느님과 사람들의 사랑을 받는 (참조: 집회 45,1) 아마토 형제와 보나구라 형제를 나는 그대의 사랑에 맡깁니다. 아멘.

에르멘트루디스에게 보낸 편지

1 지극히 사랑하는 에르멘트루디스 자매에게 예수 그리스도의 비천한 시녀인 아씨시의 클라라가 인사하며 평화를 기원합니다.

2 오 지극히 사랑하는 자매여, 나는 그대가 하느님 은총의 도우심으로 다행스럽게도 세속의 진흙에서 빠져나오게 되었음을 알게 되었습니다. 3 이 때문에 나는 기뻐하며 그대에게 축하를 드리고, 그대가 그대의 딸들과 함께 덕행의 오솔길을 힘차게 걸어가고 있기에 다시금 기뻐합니다.

4 지극히 사랑하는 자매여, 그대가 서약한 그분께 죽을 때까지 충성하십시오. 그분 친히 생명의 월계관을(참조: 야고 1,12) 그대에게 씌워 주실 것입니다. 5 지상에서의 우리의 수고는 짧지만 그 갚음은 영원합니다. 그림자처럼 사라지는(참조: 욥 14,2) 세속의 요란함에 휘말리지 마십시오. 6 거짓에 찬 세속의 허상虛像들에 정신을 빼앗기지 마십시오. 지옥의 속삭임에 귀를 막고 그 공격을 힘차게 쳐부수십시오. 7 역경逆境을 기꺼이 참아 내고 순경順境에 우쭐하

지 마십시오. 사실, 역경에도 믿음이 필요하지만, 순경에도 믿음이 요구됩니다.

8 그대가 하느님께 서원한 것들을 충실하게 지키십시오(참조: 시편 76,12). 그러면 그분께서 갚아 주실 것입니다. 9 오, 지극히 사랑하는 자매여, 우리를 초대하고 있는 하늘 나라를 바라보십시오. 십자가를 지고, 우리를 앞서 가시는 그리스도를 따르십시오(참조: 루카 9,23). 10 사실, 온갖 시련을 겪고 나서야 우리는 그분을 통해 그분의 영광에로 들어갈 것입니다(참조: 사도 14,22; 루카 24,26). 11 온 마음을 다하여 하느님을 사랑하고(참조: 신명 11,1; 루카 10,27) 우리 죄인들을 위해 십자가에 달리신 그분의 아드님 예수를 사랑하며, 그대 정신에서 그분에 대한 기억이 떠나지 않도록 하십시오. 12 십자가의 신비들과 십자가 아래 서 계신 어머니의(참조: 요한 19,25) 고통을 끊임없이 묵상하십시오.

13 항상 기도하고 깨어 있으십시오(참조: 마태 26,41; 2티모 4,5). 14 그리고 그대가 훌륭히 시작한 일을 지체 말고 이행하고(참조: 2티모 4,5.7), 그대가 받아들인 직분을 거룩한 가난과 참된 겸손 안에서 완수하십시오.

15 딸이여, 두려워하지 마십시오. "당신의 모든 말씀에 신실하시고 당신 모든 일에서 거룩하신"(시편 145,13) 하느님께서 그대와 그대의 딸들에게 당신 축복을 부어 주실 것입니다. 16 그리고 그분

이 여러분의 도움이 되시고 가장 좋은 위로자가 되어 주실 것입니다. 그분은 우리의 구속자이시고 영원한 상급이십니다.

17 우리 "서로를 위해 하느님께 함께 기도드립시다"(야고 5,16). 이렇게 "서로서로" 사랑의 "짐을 짐으로써" 우리는 "그리스도의 법을" 쉽게 "완수하게 될 것입니다"(갈라 6,2). 아멘.

제2부

수도규칙과 격려문들

클라라의 수도규칙

인노첸시오 4세 교황의 칙서

1 [하느님의 종들의 종 인노첸시오 주교는,

2 그리스도 안에 사랑하는 딸들인 클라라 원장과 아씨시 성 다미아노 수도원의 자매들에게 인사하며 사도적 축복을 내립니다.

3 사도좌가 청원인들의 경건한 요청과 진실한 간청에 호의를 베푸는 것은 관례입니다. 4 사실, 여러분은 영의 일치 안에서 지극히 높은 가난의(참조: 2코린 8,2) 서약으로 함께 살아야 하는 생활양식, 5 곧 복된 프란치스코가 전해 주고 여러분이 기꺼이 받아들였으며, 6 공경하올 우리 형제인 오스티아 및 벨레트리의 주교가 친히 쓴 교서에 자세히 담고 있는 대로 황송하게도 인준한 것을, 7 사도적 권한으로 확인해 달라고 우리에게 겸손하게 청원하였습니다. 8 그러므로 우리는 여러분의 경건한 간청에 귀를 기울여, 위에 말한 주교가 한 것을 인정하고 동의하며 그것을 사도적 권한으로 확인하여 이 문서로 인준하는 바입니다. 9 그분의 교서가 글자 그대로 이 칙서 안에 기록되어 있는바, 다음과 같습니다.

10 하느님의 자비로 오스티아 및 벨레트리의 주교가 된 라이날도는, 그리스도 안에서 나의 지극히 사랑하는 어머니요 딸이며 아씨시 성 다미아노 수도원의 원장인 클라라 자매와 11 현재와 미래의 그의 자매들에게 인사하며 자부적慈父的 축복을 내립니다.

12 그리스도 안에서 사랑하는 딸들, 여러분은 세속의 영화와 향락을 멸시하고, 13 자유로운 마음으로 주님을 섬길 수 있기 위해 바로 그리스도와 그분의 지극히 거룩하신 어머니의 발자취를 따르면서(참조: 1베드 2,21) 봉쇄 안에 머물고 또한 지극히 높은 가난 안에서 주님을 섬기기로 선택하였으니, 14 우리는 여러분의 거룩한 결심을 주님 안에서 격려하면서, 여러분의 청원과 거룩한 원의를 아버지다운 정으로 기꺼이 호의를 베풀고자 합니다.

15 그러므로 우리는 여러분의 경건한 간청에 귀를 기울여, 여러분이 지키도록 여러분의 사부 복된 프란치스코 성인이 말과 글로 전해 준 생활 양식과, 거룩한 일치와 지극히 높은 가난의(참조: 2코린 8,2) 방식을, 16 교황님과 우리 권한으로써 여러분 모두와 여러분을 뒤따라 귀 수도원에 들어올 이들에게 영구적으로 확인하며, 여기에 첨부된 대로, 이 문서의 보호 아래 인증認證하는 바입니다.

17 이 수도규칙은 다음과 같습니다].

제1장
주님의 이름으로
가난한 자매들의 생활 양식이 시작되다

1 복된 프란치스코가 창설한 가난한 자매회의 생활 양식은 이러합니다. 2 곧, 순종 안에, 소유 없이, 정결 안에 살면서 우리 주 예수 그리스도의 거룩한 복음을 실행하는 것입니다.

3 그리스도의 부당한 여종이고 지극히 복된 사부 프란치스코의 작은 나무인 클라라는 인노첸시오 교황님과, 교회법에 따라 선출되는 그의 후계자들과 로마 교회에 순종과 존경을 서약합니다. 4 그리고 클라라가 회개 생활을 시작할 무렵 자기 자매들과 함께 복된 프란치스코에게 순종을 약속한 것과 같이 그분의 후계자들에게 똑같은 순종을 어김없이 지킬 것을 약속합니다. 5 그리고 다른 자매들은 복된 프란치스코의 후계자들과 클라라 자매와 교회법에 따라 선출되는 그의 후임 원장들에게 항상 순종할 것입니다.

제2장
이 생활을 받아들이려고 하는 이들,
그리고 이들을 어떻게 받아들일 것인가

1 누군가가 하느님의 영감을 받아 이 생활을 받아들이기를 원

하여 우리를 찾아오면, 원장은 모든 자매들의 동의를 요청할 것입니다. 2 그리고 자매들 반 이상이 동의하면 우리 보호자 추기경의 허락을 받아 그를 받아들일 수 있습니다. 3 그리고 원장은 그 지원자를 받아들여야 한다고 생각하면 가톨릭 신앙과 교회의 성사들에 관하여 면밀히 시험하거나 시험받도록 할 것입니다. 4 그리고 그가 이 모든 것을 믿고 충실히 고백하며 끝날까지 굳게 지키기를 원하면, 5 그리고 남편이 없거나, 있을 경우에는 남편이 교구 주교의 허락으로 이미 수도회에 들어가 정결 서원을 했다면, 6 그리고 지원자가 이 생활을 하는 데 나이가 너무 많거나 어떤 육신의 병이나 정신의 병으로 지장이 없으면, 7 그에게 우리 생활의 내용을 정성껏 설명할 것입니다.

8 그리고 그 지원자가 적합한 사람이면, "가서 너희의 모든 것을 다 팔아 가난한 사람들에게 나누어 주도록"(마태 19,21) 힘쓰라고 하신 거룩한 복음의 말씀을 이야기해 줄 것입니다. 9 만일, 이렇게 할 수 없으면 좋은 뜻만으로도 넉넉합니다. 10 그리고 주님께서 그에게 영감을 주시는 대로 그가 자기 재산을 자유롭게 처분할 수 있도록 원장과 그의 자매들은 그의 현세 재산에 대해 관여하지 않도록 조심할 것입니다. 11 그러나 의견을 요청하면, 사려 깊고 하느님을 두려워하는 몇 사람들에게(참조: 사도 13,16) 그를 보낼 것입니다. 이들의 조언으로 지원자는 자기 재산을 가난한 사람들에게

나누어 주도록 할 것입니다. 12 그 다음, 머리를 동그랗게 깎고 세속 옷을 벗게 한 다음 수도복 세 벌과 망토를 그에게 줄 것입니다. 13 그 순간부터 유익하고 합당하며 분명하고 수락할 만한 이유가 없으면, 아무도 수도원 밖으로 나가서는 안 됩니다. 14 그리고 시련기 일 년을 마친 후, 이 생활과 우리 가난의 양식을 영구히 지키기로 서약함으로써 그는 순종 생활로 받아들여집니다.

15 아무도 시련 기간 동안 머릿수건을 써서는 안 됩니다. 16 자매들은 일과 봉사를 편리하고 예모 있게 하기 위해서 앞치마를 가질 수 있습니다. 17 또한, 원장은 각자의 특성과 장소, 계절과 추운 지방에 따라 필요하다고 생각되는 대로 자매들에게 옷을 분별 있게 마련해 줄 것입니다. 18 법적 연령이 되기 전 수도원에 들어온 나이 어린 이들도 머리를 동그랗게 깎을 것입니다. 19 그리고 세속 옷을 벗은 후 원장이 판단하는 대로 수도자에게 어울리는 옷을 입을 것입니다. 20 법적 연령이 되면 다른 자매들과 같은 형태의 수도복을 입고 서약을 할 것입니다. 21 그리고 원장은 이들과 다른 수련자들에게 수도원 전체에서 사려 깊은 자매들 중에 한 자매를 수련장으로 정성스레 정해 주어, 22 우리 서약 양식에 맞는 거룩한 생활과 단정한 품행을 충실히 가르치도록 할 것입니다.

23 수도원 외부 봉사를 하는 자매들을 시험하고 받아들이는 데 있어서도 앞서 말한 방식을 따를 것입니다. 이들은 신발을 신

을 수 있습니다. 24 우리 서약 양식에 따라 받아들여지지 않았으면, 아무도 우리와 함께 수도원에서 거주해서는 안 됩니다. 25 그리고 아주 보잘것없는 포대기에 싸여 구유에 누워 계신(참조: 루카 2,7.12) 지극히 거룩하고 지극히 사랑하올 아기와 그분의 지극히 거룩한 어머니의 사랑으로, 항상 값싼 옷을 입으라고 나는 나의 자매들에게 권하고 간청하며 충고합니다.

제3장
성무일도와 단식재, 고백성사와 영성체

1 글을 아는 자매들은 작은 형제들의 관습에 따라 성무일도를 바칠 것입니다. 따라서 성무일도서를 가질 수 있습니다. 성무일도를 노래로 하지 말고 읽을 것입니다. 2 그리고 합당한 이유로 어떤 때 시간경을 읽으면서 바치지 못하는 자매들은 다른 자매들처럼 "주님의 기도"(참조: 마태 6,9-13)를 바칠 수 있습니다. 3 한편, 글을 모르는 자매들은 밤기도로 "주님의 기도" 스물네 번, 아침기도로 다섯 번, 4 일시경, 삼시경, 육시경, 구시경과 같은 시간경으로 각 일곱 번, 저녁기도로 열두 번, 끝기도로 일곱 번을 바칠 것입니다. 5 글을 아는 자매들이 죽은 이를 위한 성무일도를 바쳐야 할

때, 6 또한 글 모르는 자매들은 죽은 이들을 위하여 저녁기도로 "주님, 그들에게 영원한 안식을 주소서"와 함께 "주님의 기도" 일곱 번, 밤기도로 열두 번을 바칠 것입니다. 7 그리고 우리 수도원의 자매가 세상을 떠날 때 자매들은 "주님의 기도" 쉰 번을 바칠 것입니다.

8 자매들은 항상 단식재를 지킬 것입니다. 9 그러나 주님 성탄날에는 그 날이 어느 요일이 되든지 간에 두 끼를 먹을 수 있습니다. 10 어린 자매들과 허약한 자매들, 그리고 수도원 외부 봉사를 하는 자매들은 원장의 판단에 따라 자비로이 관면받을 것입니다. 11 그런데 꼭 필요한 경우에 자매들은 육신의 단식을 할 의무가 없습니다.

12 원장의 허락을 받아 자매들은 일 년에 적어도 열두 번은 고백성사를 볼 것입니다. 13 그리고 그 때 죄의 고백과 영혼의 구원에 관한 말 외에는 다른 말을 끼워 넣지 않도록 조심해야 합니다. 14 영성체는 일곱 번, 곧 주님 성탄, 성목요일, 주님 부활, 성령 강림, 성모 승천, 성 프란치스코 축일과 모든 성인 축일에 할 것입니다. 15 건강한 자매들에게든 앓는 자매들에게든 성체를 분배하기 위해 담당 사제가 봉쇄 구역 안에서 미사를 드릴 수 있습니다.

4장

원장 선출과 원장 직책, 수도원 회의
그리고 다른 책임자들과 수도원 위원들

1 원장을 선출할 때 자매들은 교회법의 규정을 지킬 것입니다. 2 자매들은 또한 작은형제회의 총봉사자나 관구봉사자를 서둘러 모시도록 힘써, 3 해야 할 선출에서 하느님의 말씀을 통하여 자매들을 완전한 화목과 공동 유익으로 인도하도록 하십시오. 4 그리고 서약자가 아니면 누구도 선출되어서는 안 됩니다. 5 그리고 만일 서약자가 아닌 자매가 선출되었거나 다른 식으로 임명되었다면, 먼저 우리 가난의 양식을 지키기로 서약하지 않으면 그에게 순종하지 말 것입니다. 6 원장이 세상을 떠나면 다른 자매를 원장으로 선출할 것입니다.

7 그리고 만일 위에 말한 원장이 자매들에 대한 봉사와 공동 유익에 부합하지 않는다고 자매들 대부분이 여길 경우에는, 8 자매들은 되도록 빨리 위에 말한 규정에 따라 다른 자매를 원장과 어머니로 선출할 것입니다.

9 그런데 선출된 자매는 자기가 어떤 짐을 졌는지, 자신에게 맡겨진 양 떼에 대해 누구에게 셈을 바쳐야 할지를 (참조: 마태 12,36; 히브 13,17) 깊이 생각할 것입니다. 10 그리고 원장은 직職이 아니라

오히려 덕행과 거룩한 생활로 다른 자매들보다 앞서도록 노력할 것입니다. 이렇게 할 때 자매들은 그의 표양에서 자극을 받아 두려움보다 사랑 때문에 그에게 더욱 순종하게 될 것입니다. 11 원장은 몇몇을 더 사랑함으로써 모두에게 추문이 생기지 않도록 편애를 조심할 것입니다. 12 원장은 괴로움을 겪고 있는 자매들을 위로할 것입니다. 또한, 원장은 자신에게서 치유의 약을 찾지 못하여 절망의 병이 병약한 이들 안에서 활개 치는 일이 없도록, 곤경을 겪고 있는 자매들의 마지막 피난처(참조: 시편 31,7)가 되어 주어야 합니다.

    13 원장은 모든 일에 있어서 특히 성당, 침실, 식당, 병실과 의복에 있어서 공동생활을 지킬 것입니다. 14 그리고 부원장도 이와 같이 할 것입니다.

    15 원장은 적어도 일주일에 한 번 자기 자매들을 수도원 회의에 소집할 것입니다. 16 이 때 원장도 자매들과 마찬가지로 공동체적으로 또 드러나게 상처를 입힌 것들과 의무를 소홀히 한 것들에 대해 겸손하게 고백해야 합니다. 17 그리고 이 때 수도원의 유익과 품위에 관해 다루어야 할 사항들을 모든 자매들과 함께 의논할 것입니다. 18 사실, 주님께서는 더 좋은 것이 무엇인지 자주 더 작은 이에게 드러내십니다. 19 원장은 자매들의 공동 동의를 얻지 않고서는, 또한 명백히 필요한 경우가 아니면 큰 빚을 지지 말 것

이며, 져야 할 경우에는 대리인을 통해 할 것입니다.

20 또한, 원장은 자매들과 같이 수도원에다 어떤 위탁물도 받아들이지 않도록 조심할 것입니다. 21 이로 인해 자주 혼란이나 추문이 생기기 때문입니다.

22 상호간의 사랑과 평화의 일치를 유지하기 위하여 수도원의 모든 직책 담당자들을 모든 자매들의 공동 동의로 선출할 것입니다. 23 그리고 매우 사려 깊은 자매들 가운데 적어도 여덟 명의 수도원 위원을 같은 방법으로 선출할 것입니다. 원장은 우리의 생활 양식이 요구하는 일에 대해 이들의 조언에 항상 유의할 것입니다. 24 또한, 자매들은 유익하고 바람직하다고 생각하면 직책 담당자들이나 수도원 위원들을 해임시킬 수 있고 어떤 경우에는 해임시켜야 하며, 그들의 직책을 맡을 다른 이들을 선출할 것입니다.

제5장
침묵, 면회실 그리고 쇠창살문

1 수도원 외부 봉사를 하는 자매들 외에 자매들은 끝기도 시간부터 삼시경까지 침묵을 지킬 것입니다. 2 또한, 성당과 침실에서는 계속 침묵을 지킬 것이며, 식당에서는 식사할 때만 지킬 것

입니다. 3 그러나 병실에서는 예외인데, 그 곳에서 환자들을 위로하고 봉사하기 위해 자매들은 조심스레 항상 말할 수 있습니다. 4 그렇지만 필요한 것들을 짧게 낮은 목소리로 언제 어디서나 말할 수 있습니다.

   5 자매들은 원장이나 부원장의 허락 없이 면회실이나 쇠창살문에서 이야기할 수 없습니다. 6 허락받은 자매들도 자매 두 명이 함께 하여 듣지 않으면 면회실에서 감히 이야기하지 말 것입니다. 7 그리고 원장에게 조언하기 위하여 모든 자매들이 선출한 여덟 명의 수도원 위원 가운데 원장이나 부원장이 임명한 적어도 세 명의 자매들이 함께 하지 않으면 쇠창살문에는 다가갈 생각을 말아야 합니다. 8 이러한 면회 규정을 원장과 부원장도 스스로 지킬 것입니다. 9 그리고 쇠창살문에서 이야기하는 경우는 아주 드물어야 하며, 현관문에서는 어떤 경우에도 이야기하지 말 것입니다.

   10 앞서 말한 쇠창살문 안쪽으로 휘장을 달 것이며, 누가 하느님의 말씀을 전할 때나 어떤 자매가 누구와 이야기할 때가 아니면 이 휘장을 걷지 말 것입니다. 11 또한, 쇠창살문 안쪽에 서로 다른 자물쇠 두 개와 문걸이와 빗장들로 잘 방비된 나무 덧문을 설치하고, 12 특히 밤에는 원장과 제의실 담당자가 따로 하나씩 갖고 있는 두 개의 열쇠로 이 덧문을 잠가야 합니다. 13 그리고 덧문은 성무일도를 들을 때나 위에 말한 이유에서가 아니면 항상 잠

겨 있어야 합니다.

14 어떤 자매든 해 뜨기 전이나 해 진 후에는 누구와도 쇠창살 문에서 절대로 이야기를 해서는 안 됩니다. 15 그리고 면회실 안쪽에 휘장을 항상 설치해 두고 걷어서는 안 됩니다. 16 성 마르티노의 사순절과 대사순절 동안에는 아무도 면회실에서 이야기할 수 없습니다. 17 다만, 사제에게 성사를 보기 위해서나, 원장이나 부원장의 판단에 의해 명백히 필요한 다른 경우는 예외입니다.

제6장
복된 프란치스코의 약속,
그리고 어떤 것도 소유하지 말 것

1 지극히 높으신 하늘의 아버지께서는 당신 은총을 통해 지극히 복된 우리 사부 성 프란치스코의 모범과 가르침으로 회개 생활을 하도록 황송하옵게도 나의 마음을 비추어 주셨습니다. 그리고 사부님이 회심하고 조금 지난 후 나는 자원하여 나의 자매들과 함께 그분에게 순종을 약속했습니다.

2 복된 사부님은 우리가 가난도 수고도 고생도 모욕도 세속의 멸시도 두려워하지 않고 오히려 이런 것들을 더없는 즐거움으로 여기게 될 것을 알고, 연민으로 마음이 움직여 다음과 같이 우리

에게 생활 양식을 써 주었습니다. 3 "여러분은 하느님의 영감으로 지극히 높으시고 지존하신 임금님, 천상 성부의 딸과 여종들이 되셨고, 거룩한 복음의 완전함을 따라 사는 것을 택함으로써 성령의 정배들이 되셨기에, 4 나는 직접 그리고 나의 형제들을 통하여 나의 형제들에게 가지고 있는 만큼 여러분에 대해서도 애정 어린 보살핌과 특별한 관심을 늘 가질 것을 바라고 약속합니다." 5 그분은 살아 있는 동안 이 약속을 충실히 지켰고 형제들도 항상 지키기를 바랐습니다.

6 그리고 우리는 물론 우리 뒤에 들어올 자매들도 우리가 받아들인 지극히 거룩한 가난에서 벗어나지 않도록 하기 위해, 세상을 떠나기 조금 전에 당신의 마지막 뜻을 다음과 같이 말씀하며 다시금 우리에게 글로 남겼습니다. 7 "보잘것없는 나 프란치스코 형제는 지극히 높으신 우리 주 예수 그리스도와 그분의 지극히 거룩하신 어머니의 생활과 가난을 따르기를 원하며, 끝까지 그 생활 안에 항구하기를 원합니다(참조: 마태 10,22). 8 그리고 나의 자매 여러분, 나는 여러분에게 간청하고 또 권고하니, 늘 지극히 거룩한 이 생활과 가난 안에 살아가십시오. 9 그리고 누구의 가르침이나 권고로 이 생활을 결코 떠나지 않도록 영원토록 온갖 조심을 다하십시오."

10 그리고 우리가 주 하느님과 복된 프란치스코에게 약속한

거룩한 가난을 내가 나의 자매들과 함께 지키려고 항상 열심히 애쓴 것같이, 11 나의 후임자가 되는 원장들과 모든 자매들도 끝날까지 어김없이 지킬 의무가 있습니다. 12 곧, 직접으로나 다른 사람을 통하여 소유물이나 재산을 받아들이거나 갖지 않도록 조심할 것입니다. 13 재산이라고 마땅히 여길 수 있는 것은 그 어떤 것도 안 됩니다. 14 다만, 수도원의 품위와 적당한 거리 유지를 위해 요구되는 정도의 땅은 제외됩니다. 15 그리고 이 땅은 자매들의 필요를 위한 밭을 제외하고는 경작하지 말 것입니다.

제7장
일하는 자세

1 주님으로부터 일하는 은총을 받은 자매들은 삼시경 뒤에 일할 것이며, 올바르고 공동 이익이 되는 일을 충실히 또 헌신적으로 할 것입니다. 2 이렇게 함으로써 영혼의 원수인 한가함을 쫓아내는 동시에, 다른 현세적인 일들이 충실히 섬겨야 하는 거룩한 기도와 헌신의 영을 끄지 않도록 할 것입니다(참조: 1테살 5,19).

3 그리고 회의에서 원장이나 부원장은, 모두 앞에서, 각자 자기 손으로 할 노동을 맡길 의무가 있습니다. 4 자매들의 필요를 위해 누군가가 어떤 애긍을 보내 준다면 그 은인들을 공동으로 기

억하기 위해서 이와 같이 하십시오. 5 그리고 원장이나 부원장은 수도원 위원들의 의견을 들어 이 모든 애긍물을 공동 이익을 위해 분배할 것입니다.

제8장
아무것도 자기 소유로 하지 말 것,
얻어야 할 동냥과 앓는 자매들

1 자매들은 집이나 거처, 그 어떤 것도 자기 소유로 하지 말 것입니다. 2 그리고 이 세상에서 "순례자와 나그네처럼"(시편 39,13; 1베드 2,11) 가난과 겸손 안에서 주님을 섬기면서 신뢰심을 가지고 동냥하러 보낼 것입니다. 3 그리고 주님께서 우리를 위하여 이 세상에서 스스로 가난해지셨으니(참조: 2코린 8,9) 부끄러워하지 말아야 합니다. 4 이것이 바로 지극히 사랑하는 나의 자매 여러분을 하늘 나라의 상속자요 왕이 되게 하고, 물질에 가난한 사람이 되게 하면서도(참조: 2코린 8,9), 덕행에 뛰어나게 하는 지극히 높은 가난(참조: 2코린 8,2)의 극치입니다. 5 이것이 "살아 있는 이들의 땅으로"(시편 142,6) 인도하는 여러분의 몫이 되었으면 합니다. 6 지극히 사랑하는 자매들, 이 가난에 완전히 매달려 우리 주 예수 그리스도와 그분의 지극히 거룩하신 어머니의 이름을 위하여 하늘 아래

서는 평생토록 결코 다른 어떤 것도 가지기를 원치 마십시오.

7 어떤 자매도 원장의 허락 없이 편지를 보내거나, 어떤 것을 외부로부터 받거나 수도원 밖으로 내주어서는 안 됩니다. 8 누구도 원장이 주지 않았거나 허락하지 않은 그 어느 것도 가져서는 안 됩니다. 9 친척이나 다른 사람이 어떤 자매에게 무엇을 보내면 원장은 그것을 그 자매에게 줄 것입니다. 10 그 자매에게 그것이 필요하면 그가 사용할 수 있고 그렇지 않으면 필요한 자매에게 사랑으로 나눌 것입니다. 11 그러나 돈을 보내 주면, 원장은 수도원 위원들의 의견을 들어 그 자매가 필요로 하는 것을 제공해 줄 것입니다.

12 원장은 앓는 자매들에 대해서는, 진찰은 물론 음식과 그들의 병에 요구되는 필요한 다른 것들에 있어서도 직접 그리고 다른 자매들을 통하여 자세히 알아보고, 13 지역의 형편에 따라 사랑과 어진 마음으로 그에게 마련해 줄 준엄한 의무가 있습니다. 14 왜냐하면 모든 자매들은 자기가 병이 나면 남이 자기 자신을 돌보아 주기를 바라는 것처럼 앓는 자기 자매들을 돌보아 주고 봉사할 의무가 있기 때문입니다. 15 자매들은 필요한 것을 서로 간에 거리낌 없이 드러내 보일 것입니다. 16 그리고 어머니가 자기 육신의 딸을(참조: 1테살 2,7) 사랑하고 기른다면 자매는 자기 영신의 자매를 한층 더 자상하게 사랑하고 길러야 하지 않겠습니까?

17 이 앓는 자매들은 짚을 넣은 요에 누워 있을 수 있고 깃털을 넣은 베개를 쓸 수 있습니다. 18 그리고 이들은 필요하면 털양말과 이불을 사용할 수 있습니다. 19 그런데 앞서 말한 앓는 자매들은 수도원에 들어오는 이들의 방문을 받을 때, 질문자들에게 각자 몇 마디 좋은 말로 짤막하게 대답할 수 있습니다. 20 그러나 다른 자매들은 허락을 받았어도 원장이나 부원장이 지명한 수도원 위원 두 자매가 함께 하여 듣지 않으면 수도원에 들어오는 이들에게 감히 말하지 말 것입니다. 21 말에 관한 이러한 규정은 원장과 부원장도 스스로 지킬 의무가 있습니다.

제9장
죄지은 자매들에게 부과해야 할 보속과
수도원 외부 봉사를 하는 자매들

1 자매들 중에 누가 원수의 충동으로 우리 서약 양식을 거슬러 대죄를 지으면, 원장이나 다른 자매들이 그에게 두세 번 충고를 해 주어야 하며, 2 그래도 스스로 고치지 않으면, 고집하는 그 날수만큼 식당에서 땅바닥에 앉아 모든 자매들 앞에서 빵과 물을 먹는 보속을 받을 것입니다. 3 그리고 원장이 적합하다고 생각하면 더 엄한 벌을 내릴 수 있습니다. 4 그가 고집하는 기간 동안 주

님께서 그의 마음을 비추어 회개하도록 기도할 것입니다.

5 그렇지만 원장과 그의 자매들은 남의 죄 때문에 화내거나 흥분하지 않도록 조심할 것입니다. 6 분노와 흥분은 자신과 다른 사람들에게 애덕을 방해하기 때문입니다.

7 그런 일이 없기를 바라지만, 자매와 자매간에 말이나 어떤 표시로 분노와 추문이 되는 일이 혹시라도 생긴다면, 8 분노를 불러일으킨 자매는 곧바로, 주님 앞에서 자신의 기도 예물을 드리기 (참조: 마태 5,23) 전에 상대 자매의 용서를 구하며, 그 자매의 발 앞에 겸손하게 엎드릴 뿐만 아니라, 9 또한 주님이 자신을 용서해 주시도록 그 자매에게 자기를 위해 주님께 간구해 달라고 단순하게 청할 것입니다. 10 한편, 상대 자매는 "너희가 진심으로 서로 용서하지 않으면 하늘에 계신 너희 아버지께서도 너희를 용서하시지 않을 것이다"(마태 6,15; 18,35)라고 하신 주님의 말씀을 기억하면서, 11 자기가 받은 모든 상처에 대해 자기 자매를 기꺼이 용서할 것입니다.

12 수도원 외부 봉사를 하는 자매들은 명백히 필요한 경우가 아니면 밖에서 오랜 시간을 보내지 말 것입니다. 13 그리고 보는 사람들이 항상 감화될 수 있도록 정숙하게 행동하며 말을 적게 할 것입니다. 14 그리고 다른 사람들과 의심스러운 교제나 담화를 나누지 않도록 단단히 조심할 것입니다. 15 또, 남자나 여자의 대모

가 되지 말 것입니다. 이로 인해 수군거림이나 소란이 일어나지 않게 하기 위함입니다. 16 그리고 세속의 화젯거리를 감히 수도원에 끌어들이지도 마십시오. 17 또한, 안에서 일어나는 말이나 일에 대해 그것이 추문을 일으킬 수 있는 것이라면 그것을 수도원 밖으로 끌어내지 말아야 할 준엄한 의무가 있습니다. 18 만일, 어떤 자매가 이 두 가지 점에 있어서 악의 없이 잘못을 저지를 때, 원장의 분별대로 너그럽게 그에게 보속을 줄 것입니다. 19 그러나 이것이 악의적인 습관에서 생긴 것이라면 원장은 수도원 위원들의 의견을 들어 그 잘못의 질에 따라 그에게 보속을 줄 것입니다.

제10장
자매들에게 주는 권고와 교정

1 원장은 자기 자매들을 권고하고 방문하며, 겸손과 사랑으로 잘못을 바로잡아 줄 것이며, 그들의 영혼과 우리 서약 양식에 반대되는 것을 명하지 말 것입니다. 2 그리고 아랫자매들은 하느님 때문에 자기 의지를 포기했다는 것을 기억할 것입니다. 3 그러므로 자매들은 주님께 지키기로 약속했고 영혼과 우리 서약에 반대되지 않는 모든 일에 있어 자기 원장들에게 순종할 준엄한 의무를 갖고 있습니다. 4 한편, 원장은 주인들이 자기 종에게

하듯이 그에게 말하고 대할 수 있을 정도로 자매들에게 친밀감을 지닐 것입니다. 5 원장이 모든 자매들의 종이라는 것은 당연하기 때문입니다.

6 그래서 나는 우리 주 예수 그리스도 안에서 권고하며 격려합니다. 자매들은 온갖 교만, 헛된 영광, 질투, 탐욕(참조: 루카 12,15), 이 세상 근심과 걱정(참조: 마태 13,22; 루카 21,34), 중상과 불평, 그리고 불화와 분열에 빠져들지 않도록 조심하십시오. 7 오히려 "완덕의 끈"(콜로 3,14)인 서로 간의 사랑의 일치를 항상 보존하도록 힘쓰십시오.

8 그리고 글 모르는 자매들은 글을 배우려고 애쓰지 마십시오. 9 오히려 우리가 무엇보다 먼저 갈망해야 할 것에 집중할 것입니다. 곧, 주님의 영과 그 영의 거룩한 활동을 마음에 간직하고, 10 주님께 깨끗한 마음으로 항상 기도하고 박해와 병고에 겸허하고 인내하며, 11 또한 우리를 박해하고 책망하고 중상하는 사람들을 사랑하는 일입니다(참조: 마태 5,44). 12 주님께서 이렇게 말씀하시기 때문입니다. "행복하여라, 의로움 때문에 박해를 받는 사람들! 하늘 나라가 그들의 것이다"(마태 5,10). 13 "끝까지 견디는 이는 구원을 받을 것이다"(마태 10,22).

제11장
봉쇄 준수

1 문지기 자매는 성숙한 품행과 분별력을 지녀야 하고, 적절한 연령에 이른 사람이어야 하며, 낮 동안에는 문이 없는 열린 문간방에 머무를 것입니다. 2 그리고 그에게 다른 합당한 보조자를 정해 주어, 필요할 때에 모든 일에 있어 그가 할 일을 대신하여 수행토록 할 것입니다.

3 그런데 현관문은 서로 다른 두 개의 자물쇠와 문걸이와 빗장으로 잘 방비되어 있어야 합니다. 4 밤에는 가능한 한 문을 두 개의 열쇠로 잠가야 하고, 열쇠 하나는 문지기 자매가, 다른 하나는 원장이 갖고 있어야 합니다. 5 그리고 낮에는 문을 지키지 않는 일이 결코 없도록 하고 열쇠 하나로 단단히 잠가야 합니다.

6 또한, 어쩔 수 없는 경우가 아니라면 현관문을 열어 두는 일이 절대로 없도록 각별히 조심하고 보살필 것입니다. 7 교황님이나 우리 추기경님이 허락한 사람이 아니라면 들어오려고 하는 어떤 사람에게도 문을 절대로 열어 주지 말 것입니다. 8 분명하고 온당하며 불가피한 이유가 아니면 자매들은 누구에게도 해 뜨기 전에 수도원에 들어오거나 해 떨어진 후에 수도원 안에 남아 있는 것을 허락하지 말 것입니다.

9 어떤 주교가 원장의 축복을 위해서나 어떤 자매를 수녀로서 축성하기 위해서나 또는 다른 이유로 봉쇄 구역 안에서 미사를 거행할 허락을 받았다면, 그는 가능한 한 덕행이 뛰어난 몇몇 동료들과 보조자들을 데리고 오는 것으로 만족할 것입니다. 10 그런데 필요한 일을 하러 수도원 안으로 누군가가 들어와야 할 경우에는, 원장은 대문을 열어 줄 적합한 사람을 신중하게 정할 것입니다. 11 그 자매는 다른 사람에게는 안 되고 그 작업을 맡은 이들에게만 열어 줄 것입니다. 12 이 때 모든 자매들은 출입자들의 눈에 띄지 않도록 각별히 조심할 것입니다.

제12장
시찰자, 담당 사제와 보호자 추기경

1 우리 시찰자는 우리 추기경의 뜻과 명에 따라 언제나 작은 형제회 소속 회원이어야 합니다. 2 또한, 그는 인품과 품행이 잘 알려진 사람이어야 합니다. 3 그의 직무는 머리에서 지체들에 이르기까지 우리 서약 양식을 거슬러 범한 과실들을 교정하는 것이 될 것입니다. 4 그는 다른 사람들이 볼 수 있는 공적인 장소에 있으면서 시찰 직무와 연관된 사안에 대해 더 좋다고 생각되는 대

로 여러 자매와 함께 또는 개별적으로 이야기를 나눌 수 있습니다.

5 또한, 담당 사제와 더불어 평판이 좋고 분별력 있는 동료 사제 한 명과 거룩한 생활과 덕행을 사랑하는 평형제 두 명을, 6 앞서 말한 작은형제회로부터 자비롭게도 늘 우리가 받아 왔듯이, 우리 가난의 조력자로, 7 우리는 하느님과 복된 프란치스코의 사랑을 생각하여 작은형제회가 은혜를 베풀어 주시기를 간청합니다. 8 담당 사제는 동료 없이 수도원에 들어올 수 없습니다. 9 그리고 들어와서 항상 서로를 볼 수 있고 또 다른 사람들이 볼 수 있도록 공적인 장소에 있어야 합니다. 10 이들은 면회실에 갈 수 없는 앓는 자매들에게 고백성사를 주고 성체를 영해 주며 또한 병자성사를 주고 임종 기도를 하기 위해 봉쇄 구역 안으로 들어올 수 있습니다. 11 또한, 장례와 장엄한 위령 미사를 거행하기 위해서, 그리고 무덤을 파거나 열고 또는 정리하기 위해서, 원장의 지혜로운 판단에 따라 적절한 수의 합당한 사람들이 들어올 수 있습니다.

12 여기에 덧붙여서 자매들은 교황님께서 작은 형제들을 위해 거룩한 로마 교회의 추기경들 가운데 임명하신 추기경을 우리들의 지도자요 보호자요 감사관으로 항상 모실 준엄한 의무가 있습니다. 13 그리하여 자매들은 거룩한 교회의 발 아래 항상 매여 순종하고, 가톨릭 믿음의 기초 위에 서서 (참조: 콜로 1,23) 우리 주 예

수 그리스도와 그분의 지극히 거룩한 어머니의 가난과 겸손과 우리가 굳게 서약한 거룩한 복음을 영원히 실행할 것입니다. 아멘.

맺음말

14 [페루자에서, 인노첸시오 4세 교황 재임 제10년 9월 16일. 15 그러므로 아무도 우리가 확인하는 이 기록을 파기하거나 함부로 무모하게 반대하지 말 것입니다. 16 누구든지 감히 이런 행동을 하려고 한다면 전능하신 하느님과 그분의 사도인 복된 사도 베드로와 바오로의 진노를 사게 될 것임을 명심해야 합니다.
17 아씨시에서 교황 재임 제11년 8월 9일].

클라라의 유언

1 주님의 이름으로(참조: 콜로 3,17). 아멘.

2 베푸시는 분이신 자비하신 우리 아버지께(참조: 2코린 1,3) 우리가 받았고 또 날마다 받고 있는 여러 가지 은혜 가운데, 우리가 그리스도의 영광스러운 아버지께 더욱 깊이 감사드려야 하는 것은 우리 성소聖召입니다. 3 이 성소가 그토록 완전하고 위대한 것인 만큼 우리는 그분께 그만큼 더 감사를 드려야 합니다. 4 그래서 사도는 그대의 성소를 깨달으라고(참조: 1코린 1,26) 말합니다. 5 하느님의 아드님께서 우리에게 길(참조: 요한 14,6)이 되어 주셨고, 그분을 참으로 사랑하고 본받은 이셨던 우리 사부 프란치스코께서 말과 모범으로(참조: 1티모 4,12) 이 길을 우리에게 보여 주셨고 가르쳐 주셨습니다.

6 그러므로 사랑하는 자매들, 우리는 하느님께서 우리에게 베풀어 주신 한없는 은혜들을 생각해야 합니다. 7 그런데 그 모든 은혜 중에서도 당신 종인 사랑하올 복되신 우리 사부 프란치스코를 통해 우리 안에서 하느님께서 황송하게도 이루어 주신 은혜들,

8 우리가 회심하고 나서는 물론 우리가 아직 세속의 비참한 헛됨 속에 있었을 때에도 이루어 주신 그 은혜들을 생각해야 합니다. 9 사실, 성인께서는 회심한 다음 곧바로, 아직 형제들이나 동료들이 없을 무렵, 10 성 다미아노 성당을 지으시면서 하느님의 위로를 가득 받아 세속을 완전히 떠나시게 되었을 때, 11 큰 기쁨과 성령의 비추심으로 주님께서 그 뒤에 이루어 주신 우리에 대한 예언을 하셨습니다.

12 그 때 그분께서는 위에 말한 성당의 벽 위로 올라가시어 그 근처에 머물고 있던 어떤 가난한 사람들에게 프랑스어로 이렇게 큰 소리로 외치셨습니다. 13 "오셔서 성 다미아노 수도원을 짓는 일에 저를 도와주십시오. 14 왜냐하면 이 곳에서 이제 부인들이 살게 될 것인데, 그들의 훌륭한 생활과 거룩한 삶의 태도로 하늘의 우리 아버지께서 당신의 거룩한 온 교회 안에서 영광받게 되실 (참조: 마태 5,6) 것이기 때문입니다."

15 그러므로 우리는 여기서 하느님께서 우리에게 베푸신 풍성한 은혜를 깊이 생각할 수가 있습니다. 16 하느님께서는 당신의 풍요한 자비와 사랑 때문에 당신 성인을 통하여 우리 성소와 간택에 대해 황송하옵게도 이런 말씀을 하신 것입니다. 17 그리고 지극히 복되신 우리 사부 프란치스코께서는 우리에 대해서뿐만 아니라 주님께서 우리를 불러 주신 그 거룩한 성소 안에 살게 될 다

른 이들에 대해서도 이런 예언을 하셨던 것입니다.

18 그러므로 우리는 얼마나 큰 정성과 마음과 몸의 노력을 다해 하느님과 우리 사부님의 명命을 지켜서, 받은 선물을 주님의 도우심으로 몇 배로 돌려드려야 하지 않겠습니까! 19 사실, 주님 몸소 우리를 다른 이들에게뿐만 아니라 주님께서 우리 성소로 불러 주실 우리 자매들에게도 본보기와 거울이 되는 데 있어 표본으로 삼으시어, 20 이들도 세속에서 생활하는 이들에게 거울과 본보기가 되도록 하셨습니다. 21 다른 이들에게 본보기와 거울이 될 자매들이 우리 안에서 자신을 거울처럼 바라볼 수 있을 정도의 이러한 위대한 삶에로 주님께서 우리를 불러 주셨으니, 22 우리는 하느님을 더없이 찬양하고 찬미하며 선善을 행하도록 주님 안에서 더욱더 굳세어져야 합니다. 23 그 때문에 우리가 위에 말한 표본에 따라 산다면 다른 이들에게 고귀한 본보기를 남겨 주게 될 것이며(참조: 2마카 6,28.31), 매우 적은 수고로 영원한 행복이라는 상賞을 얻게 될 것입니다.

24 지극히 높으신 하늘의 아버지께서 지극히 복되신 우리 사부 프란치스코의 모범과 가르침으로 내가 회개 생활을 하도록 당신의 자비와 은총을 통해 황공하게도 나의 마음을 비추어 주신 후, 25 그분의 회심 직후에, 주님께서 나의 회심 직후에 나에게 주신 몇몇 자매들과 함께 나는 자원하여 사부님께 순종을 약속했습

니다. 26 이는 주님께서 사부님의 놀랄 만한 삶과 가르침을 통해 당신 은총의 빛을 우리에게 비춰 주신 것과 같습니다. 27 그리고 프란치스코께서는 우리가 육신적으로 연약하고 미약하지만 그 어떤 궁핍도, 가난도, 수고도, 시련이나 수치도, 세상의 멸시도 마다하지 않고, 28 오히려 성인들과 당신 형제들의 모범에 따라 우리를 자주 살펴보신 대로, 우리가 이를 더없는 큰 기쁨으로 여기는 것을 보시고, 주님 안에서 크게 기뻐하셨습니다. 29 그래서 우리에 대한 애정으로 마음이 움직여 당신 형제들에게 하시는 만큼 우리에 대해서도 직접 그리고 당신의 수도회를 통해, 애정 어린 보살핌과 특별한 관심을 늘 가지기로 하셨습니다.

30 그리고 하느님과 지극히 복되신 우리 사부 프란치스코의 뜻에 따라 우리는 성 다미아노 성당으로 가서 기거했습니다. 31 그 곳에서 주님께서는 짧은 기간 안에 당신의 자비와 은총으로 우리 수효를 늘려 주셔서, 주님께서 당신 성인을 통하여 미리 말씀하신 바가 이루어지게 되었습니다. 32 그런데 이에 앞서 우리는 짧은 기간이었지만 다른 장소에 잠시 머물렀습니다.

33 그 후 그분께서는 우리에게 생활 양식을, 특히 거룩한 가난 안에 늘 항구하도록 글로 써 주셨습니다. 34 그분께서는 살아 계시는 동안 지극히 거룩한 가난에 대한 사랑과 그 실천에 대해 수많은 강론과 모범으로 우리에게 권고하는 것으로(참조: 사도 20,2) 만

족하지 않으시고, 당신께서 돌아가신 다음에도 우리가 가난에서 절대로 벗어나지 않도록 우리에게 많은 글까지 남겨 주셨습니다. 35 사실, 하느님의 아드님께서도 이 세상에 살아 계시던 동안 그 거룩한 가난에서 절대로 벗어나기를 원치 않으셨습니다. 36 그분의 발자취를(참조: 1베드 2,21) 따랐던 지극히 복되신 우리 사부 프란치스코께서도 살아 계시는 동안 당신 모범과 가르침으로 당신과 당신 형제들을 위해 택하신 거룩한 가난을 결코 벗어나지 않으셨습니다.

37 그러므로 그리스도와 성 다미아노 수도원의 가난한 자매들의 여종이며 거룩한 사부님의 작은 나무인 부당한 나 클라라는, 나의 자매들과 함께 지극히 높은 우리 서약과 사부님의 명命을 생각하고, 38 또 우리 기둥이셨고 하느님 다음으로 유일한 위안이고 버팀목이셨던(참조: 1티모 3,15) 우리 사부 성 프란치스코께서 세상을 떠나신 후 우리 사이에서 걱정스러워한 다른 자매들의 나약함을 생각하면서, 39 내가 죽은 다음, 지금 있는 그리고 앞으로 들어올 자매들이 가난에서 절대로 벗어나지 않도록 우리는 기꺼이 지극히 거룩한 우리 가난 부인께 거듭거듭 약속하였습니다.

40 그리고 주님과 복되신 우리 사부 프란치스코께 우리가 약속한 거룩한 가난을 지키고 다른 이들도 지키도록 내가 항상 애쓰고 노력한 것처럼, 41 나의 후임자가 되는 자매들도 하느님의 도

움으로 끝날까지 거룩한 가난을 지키고 또 지키도록 할 의무가 있습니다. 42 사실, 우리가 이 생활을 시작했을 때 인노첸시오 교황님과 다른 후계자들에게서 특전들을 받아, 우리가 주님과 복되신 우리 사부님께 약속한 우리의 지극히 거룩한 가난의 서약을 굳게 하려고 나는 큰 주의를 기울이며 힘을 쏟았으며, 43 이는 그 어느 때라도 우리가 가난에서 절대로 벗어나지 않도록 하기 위해서였습니다.

44 그러므로 무릎을 꿇고 몸과 마음을 낮추어 거룩한 어머니이신 로마 교회와 교황 성하聖下께, 특히 작은형제회와 우리를 위해 임명되실 추기경님께 지금 있는 그리고 앞으로 들어올 나의 모든 자매들을 내맡기오니,

   45 가난하게 구유에 누워 계셨고(참조: 루카 2,12)

      이 세상에서 가난하게 사셨으며

      십자가에 알몸으로 매달리신

      그 하느님의 사랑으로

46 아버지이신 주님께서 지극히 복되신 우리 사부 프란치스코의 말씀과 모범으로 당신의 거룩한 교회 안에서 낳아 주신 당신의 작은 양 떼가(참조: 루카 12,32) 항상 당신의 사랑하시는 아드님과 그분의 영광스러운 동정 어머니의 가난과 겸손을 따르면서, 47 주님과 지극히 복되신 우리 사부 프란치스코께 우리가 약속한 거룩한

가난을 지키게 하시고, 이 가난 안에 늘 머물도록 그들을 도와주시고 지켜 주십시오.

48 그리고 그리스도를 섬기는 일과, 하느님과 우리 사부님께 약속한 다른 모든 일에 있어서, 주님께서 지극히 복되신 우리 사부 프란치스코를 우리 창설자요 심는 자이며 돕는 자로 주셨던 것처럼, 49 — 그분께서는 살아 계시는 동안에도 말씀과 행동으로 당신의 작은 나무인 우리를 항상 공들여 키우시고 아껴 주셨습니다 — 50 이렇게 지극히 복되신 우리 사부 프란치스코의 후계자와 온 수도회에 지금 있는 그리고 앞으로 들어올 나의 모든 자매들을 내맡기며 부탁드리오니, 51 우리가 하느님을 더 잘 섬기고 특별히 지극히 거룩한 가난을 더 잘 지키도록, 그리고 끊임없이 정진하도록 우리를 도와주십시오.

52 그러나 만약 앞서 말한 자매들이 언젠가 이 장소를 떠나서 다른 데로 옮겨 가는 일이 생기게 된다면, 내가 죽은 뒤 자매들이 어디에 있더라도, 주님과 지극히 복되신 우리 사부 프란치스코께 우리가 약속한 위에 말한 가난의 양식을 어김없이 지킬 의무가 있습니다.

53 그래서 원장직을 맡을 자매만이 아니라 다른 모든 자매들도 채소를 가꾸는 데 꼭 필요로 하는 밭 때문이 아니라면 수도원 둘레에 다른 땅을 얻거나 받지 않도록 힘써 주의를 기울일 것입니

다. 54 그런데 수도원의 품위와 적당한 거리 유지를 위해 밭 울타리 밖에 어느 정도 땅을 더 가질 필요가 있다고 어느 때 생각되면 꼭 필요한 땅 외에는 더 이상 구입하지도 말고 받아들이지도 말 것입니다. 55 또한, 이 땅은 갈지도 씨를 심지도 말며, 반대로 늘 가꾸지 않은 채 묵정밭으로 남아 있어야 합니다.

56 나는 우리 주 예수 그리스도 안에서 지금 있는 그리고 앞으로 들어올 나의 모든 자매들에게 거룩한 단순성과 겸손과 가난의 길, 그리고 품위 있는 거룩한 생활 방식을 항상 따르도록 힘쓰라고 권고하고 훈계합니다. 57 그리스도와 지극히 복되신 우리 사부 프란치스코께서도 우리가 회개한 처음부터 그렇게 가르쳐 주셨습니다. 58 이와 같은 삶을 통해 자비의 아버지께서 친히 우리 공로가 아니라 오로지 베푸시는 분의 자비와 은총으로 멀리 있는 이들에게나 가까이 있는 이들에게나 좋은 평판의 향기를 풍기게 하셨습니다(참조: 1코린 1,3; 2,15). 59 그리고 그리스도의 사랑으로 서로 사랑하면서, 여러분이 안에 지니고 있는 서로 간의 사랑을 행동을 통해 겉으로 드러내어, 60 자매들이 이러한 표양으로 자극을 받아서 하느님 사랑과 상호 사랑 안에서 늘 성장하도록 하십시오.

61 또한, 나는 자매들을 돌보는 직책을 맡을 자매에게 부탁합니다. 직책에서보다는 덕행과 거룩한 품행에서 다른 자매들보다 더 앞서도록 노력하십시오. 62 이렇게 자매들은 그의 표양으로 자

극을,받아 직책 때문이 아니라 오히려 사랑 때문에 더 잘 순종하게 될 것입니다. 63 그리고 그는 좋은 어머니가 자기 딸들을 대하듯이 자기 자매들을 배려하고 분별력이 있어야 하며, 64 특히 주님께서 그들에게 주시는 애긍을 각자의 필요에 따라 나누어 주도록 힘쓸 것입니다. 65 또한, 자매들이 안심하고 필요한 것을 드러낼 수 있도록 어질고 편하며, 66 자신이나 다른 자매들을 위해서 필요하다고 여기는 대로, 언제든지 그에게 신뢰심을 갖고 달려갈 수 있는 그런 사람이어야 합니다.

67 그렇지만 아랫자매들은 하느님 때문에 자기 의지를 포기했다는 사실을 기억할 것입니다. 68 그러므로 자발적으로 원하여 주님께 약속한 대로 자기 어머니에게 순종하기를 바랍니다. 69 그리하여 어머니가 그들이 서로 지니고 있는 사랑과 겸손과 일치를 보면서 직책에서 오는 모든 짐을 좀더 가볍게 지게 되고, 70 또 괴롭고 쓴 것이 그들의 거룩한 생활로 말미암아 그에게 감미로운 것으로 변하게 될 것입니다.

71 그리고 생명에 이르게 하고 들어가게 하는 길과 샛길은 좁고 또 문이 험해서 그 길을 걷고 그 문으로 들어가는 사람은 적습니다(참조: 마태 7,13.14). 72 또한, 잠시 그 길을 걷는 사람들이 있다손 치더라도, 거기에 항구한 사람들은 아주 적습니다. 73 그 길을 걸어 끝까지 항구한(참조: 시편 119,1; 마태 10,22) 사람들은 복됩니다!

74 그러므로 주님의 길로 들어선 우리는 우리 탓이나 무지로 그 길에서 어느 때라도 결코 벗어나지 않도록 조심합시다. 75 그리하여 위대하신 주님과 그분의 동정 어머니와 복되신 우리 사부 프란치스코와 천상 교회와 지상 교회에게 손상을 입히지 않도록 합시다. 76 사실, "당신 계명을 어기는 자는 저주를 받나이다!"(시편 119,21)라고 기록되어 있습니다.

77 나는 우리 주 예수 그리스도의 아버지 앞에 무릎을 꿇고(참조: 에페 3,14) 이렇게 은총을 청합니다. 그분의 어머니 영화로운 동정 성 마리아와 지극히 복되신 우리 사부 프란치스코와 모든 성인들의 공로를 보시어, 78 훌륭한 시작을 이루어 주신 주님께서 몸소 저희를 자라게 해 주시고(참조: 1코린 3,6.7) 또한 끝까지 항구하도록 해 주소서. 아멘.

79 나는 주님과 복되신 우리 사부 프란치스코의 축복과 여러분의 어머니요 여종인 나의 축복의 표시로, 이 글을 더 잘 지키도록 지극히 사랑하고 아끼는 현재와 미래의 나의 자매 여러분께 남깁니다.

클라라의 축복

1 성부와 성자와 성령의 이름으로(참조: 마태 28,19).

2 주님께서 여러분에게 복을 내려 주시고 지켜 주소서.

3 주님께서 당신 모습을 여러분에게 보여 주시고 자비를 베푸소서.

4 주님께서 당신 얼굴을 여러분에게 돌려 주시고 평화를 주소서(참조: 민수 6,24-26).

5 나의 자매요 딸인 여러분과, 우리 공동체에 와서 살게 될 다른 모든 이와, 가난한 부인들의 다른 수도원에서 끝까지 항구하게 될 현재와 미래의 다른 자매들에게 축복합니다.

6 부당하지만, 그리스도의 여종이며 지극히 복되신 우리 사부 성 프란치스코의 작은 나무이고 여러분과 다른 모든 가난한 자매들의 자매요 어머니인 나 클라라는, 7 우리 주 예수님께 청합니다. 당신의 자비를 통하여, 그리고 당신의 지극히 거룩한 어머니 성 마리아와 복되신 미카엘 대천사와 하느님의 거룩한 모든 천사들과 복되신 우리 사부 프란치스코와 모든 성인 성녀들의 전구를 통하여, 8 천상 아버지께서 친히 당신의 이 지극히 거룩한 복을

하늘과 땅에서(참조: 창세 27,28) 여러분에게 내려 주시며 확인해 주소서. 9 땅에서는 당신 지상 교회의 종들과 여종들 가운데서 여러분을 은총과 당신의 덕들로 풍성하게 해 주시며, 10 하늘에서는 당신 천상 교회의 성인 성녀들 가운데서 여러분을 높이시고 영광스럽게 해 주소서.

11 나는 살아 있는 동안이나 죽은 뒤에도, 내가 할 수 있는 만큼, 아니 그 이상으로, 12 자비의 아버지께서(참조: 2코린 1,3) 하늘과 땅에서 아들 딸들을 축복하셨고(참조: 에페 1,3) 또 축복하시며, 13 또 영적 아버지와 어머니가 자신의 영적 아들 딸들을 축복하였고 또 축복하는, 그 모든 강복으로 여러분을 축복합니다. 아멘.

14 여러분은 늘 하느님과 여러분의 영혼과 여러분의 모든 자매들을 사랑하는 사람들이 되시고, 15 여러분이 주님께 서약한 것을 실행하도록 늘 힘쓰십시오.

16 주님께서 늘 여러분과 함께 하시고(참조: 루카 1,28; 2코린 13,11) 여러분도 늘 주님과 함께 하시기를 빕니다. 아멘.

부록

아씨시 프란치스코의 약전 略傳

1181/1182	아씨시에서 조반니 피에트로 베르나르도네Giovanni di Pietro di Bernardone가 태어났다. 그의 아버지는 부유한 포목 상인이었으며, 자신의 출타 중에 태어난 아들 조반니를 귀가하여 프란치스코로 개명했다.
1198-1200	아씨시 성채 파괴와 아씨시 내전. 아씨시 시민들과 귀족들 간에 시민 전쟁이 발발하여, 시민들이 귀족들을 공격했다. 이에 많은 귀족들이 페루자로 피신했다.
1202	아씨시 – 페루자 전쟁: 전쟁에 참여한 프란치스코는 포로로 잡혀 1년여에 걸쳐 옥중 생활을 했다.
1203	평화 협정 체결(11월 6일): 아씨시 시민과 귀족 간에 "평화 협정"(Carta pacis)이 서명되고 아씨시와 페루자 사이에도 협정이 체결되었다. 이 협정으로 프란치스코가 포로 생활에서 풀려나 아씨시로 돌아오며, 그 후 병상 생활에 빠졌다.
1205	스폴레토 계곡의 환시(4월/5월 – 7월 말경): 기사가 될 마음으로 풀리아Puglia로 떠났다. 그러나 스폴레토 계곡에서 "어찌하여 너는 주인 대신에 종을 구하느냐?"는 환시 체험을 한 뒤 기사가 될 꿈을 포기하고, 주님을 섬기기 위하여 아씨시로 돌아왔다. 로마를 순례하고, 순례 중에 가난한 사람들과 옷을 바꿔 입고 함께 어울리며 음식을 나누었다. 나병 환자와의 만남: 나병 환자를 만나 손에 입을 맞추고 프란치스코 또한 나병 환자로부터 평화의 입맞춤을 받았다. 결정적인 회개의 단계에 접어들었다.
1205-1206	십자가의 그리스도와의 만남: 회개 생활을 시작한 그는 성 다미아노 성당의 십자가에서 "프란치스코야, 보다시피 다 허물어져 가는 나의 집을 수리하여라" 하는 말씀을 들었다.

| 1206 | 하느님 아버지와의 만남: 아버지와 갈등이 생기자 프란치스코는 아씨시 주교 앞에서 알몸으로 아버지의 재산을 포기하고, "이제부터 저는 피에트로 베르나르도네를 아버지라고 부르지 않고, 하늘에 계신 우리 아버지를 아버지라고 부르겠습니다"라고 고백했다. |

성당들 수리: 아씨시로 돌아온 프란치스코는 은수자의 옷을 입고 성 다미아노 성당, 성 베드로 성당, 천사들의 성 마리아 성당(포르치운쿨라, Portiuncula)을 차례로 수리했다.

| 1208 | 복음과의 만남: 포르치운쿨라 성당에서 성 마티아 축일(2월 24일 혹은 10월 12일 성 루카 축일)에 미사를 봉헌하면서 사도들의 파견에 관한 복음 말씀을 듣고 자신의 성소에 대하여 의심을 품지 않게 되었다. 예수님의 제자들은 금, 은, 두 벌 이상의 옷, 신발, 지팡이, 가방 등을 가지고 다녀서도 아니 되며, 평화와 회개를 진해야 한다는 말씀을 듣고 프란치스코는 "이것이 바로 내가 찾던 것이다. 이것이 바로 내가 원하던 것이다. 이것이 바로 내온 정성을 기울여 하고 싶어 하던 바다" 하고 외쳤다. |

형제들과의 만남(4월경): 첫 동료들은 베르나르도 퀸타발레Bernardo di Quintavalle와 피에트로 카따니Pietro Cattani로서 프란치스코는 그들과 함께 성 니콜로San Nicoló 성당으로 가서 복음 말씀을 세 번 펼쳐 들었다. 이 말씀들을 자신들의 생활 양식으로 받아들여 실행했다.

| 1209/1210 | 생활 양식 인준: 12명의 형제들이 되자 프란치스코는 「생활 양식」을 인준받기 위하여 로마로 가고, 인노첸시오 3세 교황은 그들의 「생활 양식」을 구두로 인준했다. 이 생활 양식이 이른바 「원原 규칙」으로, 현재는 전해지지 않았다. 이 시기에 초기 공동체였던 리보토르토Rivotorto에서 포르치운쿨라 성당으로 거처를 옮겼다. |

| 1211/1212 | 시리아 선교 여행: 프란치스코는 선교 목적으로 배를 타고 시리아Syria를 향하여 떠났으나 폭풍을 만나 달마티아Dalmatia를 거쳐 안코나Ancona로 돌아왔다. |

1212	클라라 입회(3월 18일): 포르지운쿨라에서 클라라를 회개 생활로 받아들였다.
1212/1213	모로코 선교 여행: 모로코로 가기 위하여 스페인까지 갔으나, 신병으로 뜻을 이루지 못하고 포르지운쿨라로 돌아왔다.
1215	제4차 라테라노 공의회 개최(11월): 프란치스코도 이 공의회에 참석하여 설교 수도회의 창설자인 도미니코를 만났다.
1217	성령 강림 총회(5월 14일 개최): 포르지운쿨라 성령 강림 총회(일명 돗자리 총회)에서 처음으로 알프스 이북과 지중해 건너편의 선교를 결정했다.
1219	중동 선교 여행: 6월에 프란치스코는 피에트로 카따니와 함께 중동으로 향하는 배를 타고 다미에따Damietta에 도착했다. 여기에서 9월경 이집트의 술탄인 멜렉-엘-카멜Melek-el-Kamel을 만나, 그를 감동시켰다.
1220	작은 형제들의 첫 순교(1월 16일): 모로코에서 5명의 작은 형제들이 처음으로 순교했다.
	프란치스코의 행정직 사임(9월 29일): 프란치스코가 '가을 총회'에서 형제회의 행정직을 사임하고, 피에트로 카따니 형제가 총봉사자 대리가 되었다.
1221	3월 10일, 피에트로 카따니 형제가 임종하고, 그 후임으로 엘리야 형제가 임명되었다.
1223	1223년 초, 폰테 콜롬보Fonte Colombo에서 어려움과 반대에도 불구하고 수도규칙을 최종적으로 완성했다.
	수도규칙 인준(11월 29일): 호노리오 3세 교황으로부터 「솔레트 안누에레」Solet annuere 칙서를 통하여 작은형제회의 수도규칙을 인준받았다.
	그레초 구유(12월 24-25일): 그레초Greccio에서 구유를 만들어

경배하며 주님의 성탄 축일을 지냈다. 아기 예수에 깊이 취한 그를 목격할 수 있었다.

1224   라 베르나 사순절과 오상(8월 15일 - 9월 29일): 라 베르나 산에서 성 미카엘을 기리며 사순절을 지내다가 주님의 다섯 상처, 오상五傷을 받았다. 프란치스코는 세라핌Seraphim 천사를 통하여 십자가에 달리신 그리스도와 부활하신 그리스도를 동시에 목격했다.

1225   눈 수술과 치료(7-8월경): 악화된 눈병을 치료하기 위하여 리에티Rieti 지방으로 가며 폰테 콜롬보에서 눈 수술을 받았다. 가을부터 겨울 사이, 성 다미아노에 머물렀다.

1226   프란치스코의 죽음(10월 3일 저녁): 토요일인 이 날 저녁에 프란치스코는 죽음 자매를 맞이했다.

1228   프란치스코의 시성(7월 16일): 그레고리오 9세 교황에 의하여 프란치스코가 시성諡聖되었다.

1230   프란치스코 유해 이장(5월 25일): 성 프란치스코의 유해가 그를 기념하기 위하여 건축된 아씨시 대성당으로 옮겨져 안치되었다.

아씨시 클라라의 약전 略傳

1193/1194   클라라가 아씨시의 쉬피Sciffi 귀족 가문에서 파바로네 오프레두초Favarone di Offreduccio를 아버지로, 오르톨라나Ortolana를 어머니로 하여 태어났다.

1206   클라라가 포르지운쿨라 성당을 수리하던 프란치스코와 동료들에게 고기를 사 먹으라며 돈을 보냈다. 이후 클라라는 친구 보나와 함께 여러 번 프란치스코를 만나고, 프란치스코는 그녀에게 회개 생활을 권했다. 이에 클라라는 자기 몫의 유산을 팔아 가난한 이들에게 나누어 주었다.

1211   3월 27/28일, 성지 주일날 밤에 야반도주夜半逃走하여 몰래 집을 나온 클라라가 포르지운쿨라 성당에서 프란치스코의 손으로 삭발례를 받고 회개 생활을 시작했다. 다음 날 아침에 클라라는 성 파올로 바스티아San Paolo de Bastia의 베네딕토회 수녀원으로 인도되고, 그녀를 집으로 데려가려는 가족들의 시도가 무산된 뒤에는, 그녀의 거처를 수바시오 산에 있는 성 안젤로 판조Sant'Angelo Panzo 성당으로 옮겼다.
성 안젤로 성당에서 동생 아녜스가 합류하고, 아녜스를 데려가려는 가족들의 강압적인 시도 이후에 아녜스 역시 프란치스코의 손에 의해 삭발례를 받았다.
얼마 후에 성 다미아노에 수녀원이 마련되어 이 곳으로 이동했다. 이 무렵 아씨시와 인근 마을에서 파치피카 궬푸초Pacifica Guelfuccio, 벤베누타 페루자Benvenuta da Perugia 등 많은 처녀들이 입회하여 공동체가 급속히 발전했다.
9월 무렵에 클라라와 자매들이 프란치스코에게 순종을 서약하며, 이로써 자매들은 작은 형제들의 "형제 공동체"(fraternitas)로 받아들여졌다.

1211/1212   프란치스코가 클라라와 자매들을 위하여 생활 양식(forma vivendi)을 써 주었다.

1214   클라라의 동료인 발비나Balvina 자매가 아씨시의 이웃 도시인 스

	펠로Spello에 공동체를 설립했다.
1215/1216	제4차 라테라노 공의회가 새로운 수도회 창설을 금지하고, 수도생활을 원하는 이는 기존 수도규칙 중 하나를 선택하도록 규정했다. 아마도 이 때문에 클라라는 인노첸시오 3세 교황으로부터 '가난 특전'을 청하여 허락받았을 것이다.
1218/1219	우골리노 추기경이 교황청 직속의 여성 수도회를 설립하고 직접 「생활 규칙」(Formula vitae)을 작성했다. 추기경은 성 다미아노 공동체에도 이 규칙을 주지만, 클라라와 자매들은 법적 필요성 때문에 베네딕토의 「수도규칙」에 기초를 두고 있는 이 규칙을 받아들이면서도 실제로는 프란치스코의 '생활 양식'을 준수하며 살아갔다.
1220	작은형제회 첫 순교자들의 소식을 듣고 클라라 자신도 순교를 열망했다.
1224	임종의 순간까지 계속되는 클라라의 중병이 시작되었다.
1226	10월 4일, 프란치스코의 운구 행렬이 성 다미아노 수도원에 이르자, 클라라와 자매들이 입을 맞추며 눈물 속에서 오열하며 작별했다.
1227	3월 19일, 우골리노 추기경이 그레고리오 9세로 교황직에 올랐다.

12월 14일, 그레고리오 9세 교황이 「쿠오티에스 코르디스」Quoties cordis 서한을 통하여 자신이 설립한 수녀회에 대한 보살핌을 작은형제회 총봉사자에게 맡겼다. 설립 초기에 "스폴레토와 토스카나 계곡의 가난한 부인들의 회"라고 불리던 이 수도회는 엄격한 봉쇄에 대한 강조로 인해 이 당시에는 "가난한 봉쇄 수녀들의 회"라 불리고 있었다. |
| 1228 | 7월 16일 직전, 그레고리오 9세 교황이 프란치스코의 시성식 관계로 아씨시에 머물게 되는데, 이 기회에 성 다미아노 수도원을 개인적으로 방문했다. 이 때 교황은 클라라에게 어느 정도의 재산을 소유하도록 권하며 서원 관면까지 제안하지만, 클라라는 |

"그리스도를 따르는 길에서 관면받고 싶지 않다"며 이를 단호하게 거절했다. 클라라는 절대적 가난과 성 다미아노 공동체의 프란치스칸 정체성을 지키기 위해 끈질기게 요청하여 9월 17일, 「시쿠트 마니페스툼」Sicut manifestum 칙서를 통하여 「가난 특전」을 재확인받았다. 이 칙서의 원본은 아씨시 모원에 보존되어 있다.

1230 9월 28일, 그레고리오 9세가 「쿠오 엘롱가티」Quo elongati를 통하여 작은형제회의 「수도규칙」 제11장의 "교황청 허락 없는 수녀원 방문 금지" 규정을 성 다미아노 공동체에까지 적용시키자, 클라라가 영적인 빵을 가져다 주는 형제들이 없는 이상 물질적 빵을 동냥해 줄 이들도 필요가 없다며 형제들을 모두 돌려보냈다. 이에 교황은 형제들의 성 다미아노 공동체 방문 허락의 권한을 작은형제회 총봉사자에게 일임했다.

1234 6월 11일, 보헤미아 왕가의 아녜스 공주가 이전에 자신이 프라하에 설립한 성 프란치스코 수녀원에서 성대하게 수도 생활을 시작했다.

1240 성 다미아노에 쳐들어 온 사라센 군대가 클라라의 '성체의 기적'으로 퇴각했다.

1241 적군에 점령당한 아씨시가 클라라의 기도로 풀려났다.

1247 8월 18일, 리옹에서 인노첸시오 4세 교황이 성 다미아노 수도회의 자매들을 위하여 「쿰 옴니스 베라 렐리조」Cum omnis vera religio를 통해 새 수도규칙을 선포했다. 이 수도규칙은 자매들이 준수해야 할 수도규칙을 베네딕토의 「수도규칙」에서 프란치스코의 「수도규칙」으로 바꾸고, 작은형제회에 소속됨을 확인하며, 공동 소유물을 허락하면서 이를 위한 관리인을 둘 것을 규정했다. 그러나 이 절충안은 환영받지 못했다. 많은 수도원들이 그냥 예전의 우골리노 생활 양식을 따르기를 원했으며, 성 다미아노 수도원과 클라라의 정신을 따르는 수도원들은 절대적 가난에 위배된다 하여 이것을 받아들이지 않았다. 이를 계기로 해서 클라라가 고유한 생활 양식을 작성하고자 결심한 것으로 보인다.

| 1252 | 9월 16일, 라이날도 추기경이 클라라가 프란치스코의 「인준 규칙」에 따라 작성한 「수도규칙」을 칙서로 인준한다. 이 인준은 성 다미아노 공동체에만 적용되며, 클라라는 교황의 인준까지 원했다. |

| 1253 | 8월 9일, 인노첸시오 4세 교황이 「클라라의 수도규칙」을 인준하고, 더불어 성대한 「가난 특전」도 내렸다. |

8월 11일, 클라라가 성 다미아노에서 숨을 거두었다.

8월 12일, 인노첸시오 4세 교황이 성 다미아노에서 클라라의 장례식을 거행하고, 클라라의 유해는 성대하게 아씨시 시내로 옮겨져 성 조르조 성당에 안장되었다.

| 1255 | 8월 15일, 클라라가 알렉산데르 4세 교황에 의해서 시성되었다. |

| 1260 | 10월 3일, 성녀 클라라의 유해가 성 조르조 성당에서 성녀 클라라 대성당으로 이전되며, 총봉사자인 보나벤투라가 미사를 주례했다. 성 다미아노 공동체의 자매들도 성녀 클라라 대성당으로 옮겼다. |

| 1263 | 10월 18일, 우르바노 4세 교황이 성 다미아노 수도회, 이제부터 "성녀 클라라 수녀회"(Ordo sororum Sanctae Clarae)라 불릴 성 다미아노 수도회를 위하여 새로운 「수도규칙」을 선포했다. 이렇게 하여 "클라라 회원들"(clarisse)이 탄생되었다. |

■ 프란치스칸 원천 연표

    프란치스코의 글과 클라라의 글 그리고 이들의 생애와 관련된 원천들의 연표는 거의 대부분 추정된 연표들이며, 프란치스코가 쓴 글들의 경우에는 서술의 기교상 "프란치스코"라는 주어를 생략하였다.

1205-1206	다미아노 성당의 십자가에서 "프란치스코야, 보다시피 다 허물어져 가는 나의 집을 수리하여라" 하는 말씀을 듣고, 이어서 버려진 성당들을 수리하기 위하여 옷감들을 내다 판다. 이 시기에 「십자가 앞에서 드린 기도」를 썼다.
1208	공동체가 형성되면서 「십자가 경배송」(Adoramus te)을 작성하여 바쳤다.
1212.	3월 18일, 프란치스코가 포르지운쿨라에서 클라라를 회개 생활로 받아들이며, 이 무렵 그녀에게 「클라라와 그의 자매들에게 준 생활 양식」을 써 주었다.
1212/1213	모로코로 가기 위하여 스페인까지 갔으나, 신병으로 뜻을 이루지 못하고 포르지운쿨라로 돌아왔다. 이 즈음에 「하느님 찬미의 권고」를 썼다.
1215-1219	1215년 11월에 제4차 라테라노 공의회가 개최되며, 1219년 11월 22일에 교황 서한인 「사네 쿰 올림」Sane cum olim이 선포되었다. 이 시기에 「성직자들에게 보낸 편지 1」을 썼다.
1220 즈음	1219년부터 1220년 사이의 중동 체험과 교황 서한인 「사네 쿰 올림」의 영향으로 하느님 찬미와 성체 공경에 대한 편지들을 성직자들과 수도자들과 신자들에게 보냈다. 중동에서 돌아온 이후, 비슷한 시기에 「성직자들에게 보낸 편지 2」, 「백성의 지도자들에게 보낸 편지」, 「보호자들에게 보낸 편지 1」, 「보호자들에게 보낸 편지 2」를 썼다.

1221	5월 30일, 포르지운쿨라에서 총회(일명 돗자리 총회)가 개최되며, 여기에서 새로운 '수도규칙'을 논의했다. 이 수도규칙은 1220년부터 독일 출신의 체사리오 스피라Cesario da Spira의 도움을 받아 성경 구절들을 첨가하며 작성되는데, 오늘날 **「인준받지 않은 수도규칙」**이라 불리는 이 규칙은 총회에서는 인준을 받았으나 교황의 인준은 받지 못한 것으로 보인다.
1221 전후	**「덕들에게 바치는 인사」, 「복되신 동정 마리아께 드리는 인사」, 「"주님의 기도" 묵상」**과 같은 몇몇 기도문들은 작성 시기를 추정할 수 없으나, 그 내용을 볼 때 프란치스코의 영성이 꽃피고 열매를 맺는 원숙기에 쓰여진 것으로 보인다.
1221-1223	이즈음에 **「어느 봉사자에게 보낸 편지」, 「참되고 완전한 기쁨」, 「주님의 수난 성무일도」**가 작성된 것으로 추정된다.
1223	1223년 초에 폰테 콜롬보Fonte Colombo에서 어려움과 반대에도 불구하고 수도규칙을 최종적으로 완성하며, 호노리오 3세 교황으로부터 「솔레트 안누에레」Solet annuere 칙서를 통하여 인준을 받는데(11월 29일), 이 규칙이 **「인준받은 수도규칙」**이다.
1224	이즈음에 **「안토니오 형제에게 보낸 편지」, 「형제회에 보낸 편지」**가 작성되었다. 이 편지들에서는 프란치스코의 모성적 사랑이 풍긴다.
1224	프란치스코는 8월 15일부터 9월 29일까지 라 베르나La Verna 산에서 성 미카엘을 기리며 사순절을 지내다 주님의 다섯 상처, 오상五傷을 받고, 그 후 얼마 지나지 않아 **「지극히 높으신 하느님께 드리는 찬미」**와 **「레오 형제에게 준 축복」**을 작성했다. 프란치스코 생애 후기에 **「신자들에게 보낸 편지」**가 쓰여지는데, 제1편지는 이 당시에 쓰여졌는지 불확실하지만, 제2편지는 그 가능성이 높다.
1225	프란치스코는 봄에 성 다미아노 성당에 머무르며, **「태양 형제의 노래」**와 **「들으십시오, 가난한 자매들이여」**(노래 형식의 권고)를 대중이 쓰는 이탈리아어로 썼다.

| 1226 | 4-5월경, 치료를 위하여 시에나Siena로 갔으나 건강이 더욱 악화되어 간략하게 마지막 뜻을 기록하게 하여 「시에나에서 쓴 유언」을 남겼다. 아씨시로 돌아온 후 주교관에서 머물 즈음에 「태양 형제의 노래」의 뒷부분인 23-33절을 첨가했다. |

9월경, 즉 프란치스코 생애의 마지막 시기인 이 무렵에 「유언」이 작성되었다.

죽음을 앞두고 「클라라와 그의 자매들에게 써 보낸 마지막 원의」를 작성했다.

1228	9월 17일: 그레고리오 9세 교황이 클라라의 요청으로 「시쿠트 마니페스툼」Sicut manifestum 칙서를 통하여 「가난 특전」을 허락해 주었다.
1228-1229	1228년 7월 16일, 그레고리오 9세 교황에 의하여 프란치스코가 시성되며, 교황의 요청으로 토마스 첼라노가 『복되신 프란치스코의 생애』, 즉 『제1생애』(1첼라노)를 집필했다.
1230	9월 28일, 그레고리오 9세가 「쿠오 엘롱가티」Quo elongati를 선포했다. 이 문헌은 프란치스코 「유언」의 법적인 효력을 인정하지 않았으며, 「인준받은 수도규칙」과 관련된 몇 가지 문제들을 해결했다.
1234/1235	클라라의 「프라하의 아녜스에게 보낸 편지 1」이 쓰였다.
1235-1238	이 무렵에 클라라의 「프라하의 아녜스에게 보낸 편지 2」와 「프라하의 아녜스에게 보낸 편지 3」이 쓰였다.
1246-1247	『수도회의 기원 혹은 창설에 대하여』의 43%를 가필하고, 서두에 '그레초의 편지'를 첨가하여 『세 동료들의 전기』가 편집되었다. 그러나 그 저자가 세 동료인지는 그 친저성에 문제가 많았다.
1247	토마스 첼라노가 『간절한 마음의 비망록』, 즉 『제2생애』(2첼라노)를 편집했다.

1253	클라라의 「프라하의 아녜스에게 보낸 넷째 편지」와 「유언」이 쓰였다. 8월 9일, 인노첸시오 4세 교황이 「클라라의 수도규칙」을 인준하고, 성대한 「가난 특전」을 내렸다.
1253-1254	토마스 첼라노가 『복되신 프란치스코의 기적 모음집』(3첼라노)을 편집했다.
1255-1256	토마스 첼라노가 『아씨시의 성녀 클라라의 전기』를 저술했다.
1250-1260	『가난 부인과 성 프란치스코와의 거룩한 교제』가 작성되며, 저자는 요한 파르마로 추정되었다.
1263	피사Pisa 총회에서 보나벤투라가 쓴 『복되신 프란치스코의 생애』(대전기)가 승인되었다. 이른바 삼중도三重道라고 하는 정화기, 조명기, 일치기의 관점에서 치밀한 구성 아래 프란치스코의 영적인 발전 단계를 조명한 작품이다.
1318 즈음	『완덕의 거울』이 편집되었다.
1325 즈음	안젤로 클라레노Angelo Clareno가 『작은 형제들의 수난의 역사』를 탈고했다.
1327-1340	『복되신 프란치스코와 동료 형제들의 행적』이 편집되었다.
1370-1390	어느 토스카나인이 『잔꽃송이』를 편집하는데, 그 대부분은 『복되신 프란치스코와 동료 형제들의 행적』을 중세 이탈리아어로 옮긴 것이었다.